A Arte Japonesa
de Criar Estratégias

Thomas Cleary

A Arte Japonesa de Criar Estratégias

Tradução
TEREZINHA BATISTA DOS SANTOS

EDITORA CULTRIX
São Paulo

Título do original:
The Japanese Art of War
Understanding the Culture of Strategy

Edição	Ano
1-2-3-4-5-6-7-8-9-10	94-95-96-97

Impresso em nossas oficinas gráficas.

Sumário

INTRODUÇÃO 7

O Oriente inescrutável: mistificação e a arte da guerra.
O Bushidō e o comportamento japonês

UMA HISTÓRIA MARCIAL DO JAPÃO 9

Conquista, guerra civil, militarismo e a ascensão
da casta samurai

O ZEN NA HISTÓRIA DO JAPÃO 21

O Zen na política do Japão, a política no Zen japonês

O BUSHIDŌ E AS ARTES MARCIAIS 31

A atitude do guerreiro profissional. Comercialização
das artes marciais. Organização do treinamento
de um guerreiro. O uso da psicologia zen na educação
prática. Defesa e invulnerabilidade. Senso de oportunidade
e sucesso. Trilhando o caminho

O CAMINHO DO GUERREIRO ZEN 55

Teoria e prática. Perícia e iniciação. Fixação e liberdade.
Budismo e vida cotidiana. Zen artificial. Autodomínio.
Ética transcendental. O cotidiano dos guerreiros.
Vivacidade e depressão. Consciência e senso
de oportunidade. Mente e ação

ESTRATÉGIAS DO SAMURAI 92

Ética de guerra. A vanguarda do momento. Energia, sentimento e disposição de ânimo. Estratégia nas relações sociais e profissionais. Aparência e intenção. Conveniência. Mistério estratégico. Fluidez no caminho do guerreiro. Primeiro golpe. Segundo golpe. Como desarmar os adversários. Formas de vencer

AS TRINTA E SEIS ESTRATÉGIAS 114

Fundamentos clássicos da ciência do conflito. Ensinamentos básicos sobre a arte da guerra

BUSHIDŌ E CRISTIANISMO: *Encruzilhada ética* 122

Zen, sociedade e moralidade. Imperialismo pseudocristão e xenofobia japonesa

O FIO DA NAVALHA ZEN 151

Desconhecimento e desorientação. Esoterismo artificial. Como estabelecer a diferença entre Bushidō e Budismo. A conexão xintó. O militarismo na sociedade japonesa e psicologia

SÍNTESE 159

INTRODUÇÃO

Use a raiva para lançá-los em desordem, use a humildade para torná-los arrogantes.

Leve-os à exaustão com movimento rápido, semeie a divisão entre eles.

Ataque quando estiverem desprevenidos, avance quando menos esperarem.

Seja extremamente sutil, tornando-se sem forma.

Seja extremamente misterioso, tornando-se mudo.

Assim você poderá ser o diretor do destino do adversário.

Sun Tzu, *A Arte da Guerra**

Durante um dos recentes atritos comerciais entre Estados Unidos e Japão, um crítico proeminente queixou-se a um membro do Congresso da atitude do Japão nas relações internacionais. Argumentou o crítico que, embora o Japão alegue ser malcompreendido, não procura se fazer entender. O congressista sorriu ironicamente. "*Isso* é o Japão!", disse.

Provavelmente, todos já ouviram falar do Oriente misterioso ou do Oriente inescrutável. Poder-se-ia supor que os japoneses são insondáveis, por exemplo, porque as culturas orientais são de difícil compreensão para os leigos. Com menos freqüência, desconfia-se do uso originalmente deliberado e depois subconsciente da frustração e da mistificação como parte da milenar arte da guerra.

---

* Publicado em 1994 pela Editora Pensamento, São Paulo.

Todas as tentativas ocidentais de tirar proveito dos recursos japoneses, do poderio econômico ao Zen-budismo, têm sido impedidas ou distorcidas pela frustração e pela mistificação, em casos nos quais a lógica e o método inconfessos de frustração e mistificação são desconhecidos. A impressão de mistério talvez pareça ocultar um segredo, mas o principal segredo pode ser saber como produzir esse mistério, em si mesmo uma arma e uma arte de guerra.

O véu de mistério é tão-somente uma das artes da guerra que permeia a vida social, cultural e política do Japão. Para os que procuram entender a mente e a civilização japonesas — incluindo-se aí todos os envolvidos com o mundo moderno — não existe uma maneira prática de fazer vista grossa para a norma militar e a cultura marcial que prevalecem no Japão há tantos séculos, praticamente até os dias de hoje. A civilização japonesa está de tal modo vinculada ao caminho do guerreiro que certos hábitos e mentalidade dessa postura permanecem entranhados nas camadas mais profundas do inconsciente individual e coletivo dessa nação.

A espada é um dos três símbolos básicos do xintó, antiga religião japonesa, bem como da herança imperial, a qual se desenvolveu depois de séculos de guerras tribais e raciais no Japão antigo. A espada tornou-se a alma dos samurais, que gradualmente levaram seu domínio para além das fronteiras e de sua esfera de ação, tornando-se o poder dominante no Japão durante quase oitocentos anos.

Até mesmo nas esferas social e cultural o Japão de hoje ainda conserva impressões indeléveis do Bushidō samurai, o caminho do guerreiro. Isso se dá não apenas no ensino e nas belas-artes, mas também nas atitudes e na conduta características que demarcam o desenvolvimento das relações pessoais e políticas. Atributos conhecidos como reserva e mistério do comportamento formal japonês, assim como a humildade e a altivez, estão profundamente arraigados nas estratégias milenares da tradicional arte da guerra. Portanto, para compreender o Japão e os japoneses em profundidade é fundamental compreender a cultura da estratégia criada pela arte japonesa da guerra.

Uma história marcial do Japão

A lenda da casa imperial do Japão surgiu a partir de dois estágios de conquista armada. O primeiro estágio envolveu a dominação e destruição de outras raças que habitavam as ilhas que viriam a se tornar o Japão. O segundo estágio, que coincide parcialmente com o primeiro, caracterizou-se pela ascendência de alguns clãs japoneses sobre outros.

À medida que os primeiros japoneses cresceram em número e expandiram seus territórios, eles subjugaram ou aniquilaram as raças minoritárias, e também lutaram entre si. Evidentemente, houve diversas ondas de migração da Ásia Setentrional, resultando na ascensão do povo conhecido como japonês. As primeiras migrações do continente a partir da península coreana e através dela remontam aos primórdios da história. A cultura e a tecnologia chinesas e coreanas sustentaram o desenvolvimento dos primeiros japoneses nas eras pré-históricas e renovaram ondas de migração em épocas históricas, estimuladas por guerras e conquistas, e a construção do império continuou a enriquecer e a conferir poder aos clãs dominantes.

Por volta do século IV da era cristã, havia dezenas de nações japonesas tribais concentradas em torno de poderosos clãs de líderes xamânicos, caçadores e guerreiros, artesãos e agricultores. À medida que as nações japonesas cresciam, a progressiva competição e a imigração do continente possibilitaram o desenvolvimento de uma poderosa aliança de clãs que buscavam o fim das hostilidades através do estabelecimento de um Estado unificado segundo o modelo chinês. Depois de subjugar os desafios diretos ao Estado central, a aliança estabeleceu seu clã sacerdotal como a casa imperial e organizou hierarquias de nobreza tribal para acomodar os líderes tradicionais dos Estados-nação independentes dentro da estrutura da lei unificada proposta. A mitologia das tribos antigas foi então reunida e organizada de modo a refletir a hierarquia política dos clãs sob a lei imperial.

O novo governo central, contudo, não foi capaz de exercer a autoridade absoluta sobre todos os clãs, sobretudo os que se situavam em regiões mais remotas. Um documento oficial publicado mais de um século depois da fundação do Estado imperial assinala a extensão limitada da autoridade central e a persistência da competição e do conflito territorial. Como parte costumeira do treinamento das elites de guerreiros tribais tradicionais, o poder militar não foi monopolizado pelo governo imperial e os clãs mais fortes conseguiram manter considerável independência.

A gradual separação entre a aristocracia cultural e a aristocracia marcial prosseguiu em paz depois do estabelecimento da capital do Japão em Heian, antiga cidade de Quioto, em fins do século VIII. Famílias dirigentes de clãs poderosos e proprietárias de grandes latifúndios reuniram-se na capital e patrocinaram o desenvolvimento de uma cultura urbana romântica e pitoresca. Entrementes, famílias guerreiras fronteiriças continuavam a expandir seus territórios, enquanto as famílias guerreiras das províncias administravam e policiavam as amplas propriedades dos nobres da corte.

Depois que os demais habitantes das ilhas haviam sido vencidos e o Estado imperial, com uma burocracia central, foi estabelecido, as elites guerreiras japonesas mantiveram sua importância na sociedade, através de cargos de governadores de territórios e administradores de terras e de servos mantidos pelos proprietários ausentes. E também continuaram a proporcionar a base militar de toda a aristocracia, bem como a dos diversos territórios e clãs.

O conflito armado ressurgiu de maneira complexa depois do estabelecimento da hierarquia social e cultural pelo clã imperial e por seus poderosos aliados. O conflito armado dos clãs foi particularmente exacerbado pelas pressões territoriais resultantes da prática da poligamia entre as classes superiores e pelas desigualdades sociais criadas dentro das costumeiras práticas patrimoniais.

Em última análise, a família imperial era dominada pelo opulento clã Fujiwara, que fornecia as principais esposas dos imperadores. A família imperial também sofria divisões internas através de linhas de geração, e os imperadores aposentados exerciam freqüentemente mais poder a partir de seus retiros budistas do que os imperadores entronizados em suas cortes. Graças às amplas relações com a nobreza de todas as categorias, certos mosteiros budistas também se tornaram poderosos proprietários rurais, com suas fazendas, seus servos, indústrias, bancos, governos e forças armadas.

A divisão interna do poder e a falta de uma direção central forte favoreceram a competição entre os interesses regionais, intensificada ao longo dos séculos X e XI. As elites guerreiras das províncias aumentaram gradativamente suas exigências em relação à renda da terra, exigindo uma quota maior de poder e riqueza das mãos dos aristocratas da corte que detinham o direito legal das propriedades. Esse movimento político também incentivou os guerreiros a competirem entre si.

Por volta do ano 1100, grande parte do Japão fora da região imediata de Heian/Quioto estava sob o controle militar local, e o século XII praticamente se passou em constante guerra civil. Em 1185, o mais poderoso dos clãs guerreiros estabeleceu um governo militar centralizado, o primeiro dos três regimes que iriam dominar a sociedade, a política e a cultura japonesas nos séculos seguintes.

A forte presença militar que caracteriza a história nacional do Japão imprimiu determinados elementos do *ethos* guerreiro em importantes esferas do pensamento e da sociedade japoneses, bem além do contexto da arte guerreira original. Ao longo de centenas de anos, os samurais foram não apenas mestres do destino político da nação, mas também foram considerados líderes da consciência popular. A moral e o espírito do guerreiro foram importantes tanto na sua influência sobre a sociedade como em seu poder material.

Durante alguns séculos depois da importação da cultura chinesa da dinastia T'ang, com o fito de apoiar suas próprias ambições nacionais, a casa imperial japonesa e as famílias nobres de sua corte mantiveram amplas propriedades de terra por todo o Japão, levando uma vida de fausto na capital imperial e em seus arredores. Os guerreiros da classe mais alta, que administravam e policiavam as propriedades dos aristocratas, aumentaram gradativamente suas exigências em troca dos serviços prestados, e ao longo dos séculos grandes extensões de terras e os respectivos direitos passaram para o controle dos samurais. Em fins do século XII, um cargo interno central de xogum, ou generalíssimo, foi oficialmente reconhecido e um paragoverno militar foi constituído com a capital no Japão Oriental.

Durante o século XIII, os novos líderes samurais do Japão mais uma vez buscaram inspiração na China. Agora o Zen-budismo e o Neoconfucionismo, nessa época bem estabelecidos na China como formas de pensamento dominantes, atraíram a atenção dos japoneses. As autoridades central e local patrocinaram os mestres zen da China, incluindo peregrinos japoneses que haviam estudado o Zen da China e os imigrantes chineses que fugiam dos conquistadores mongóis invasores. Esse apoio prenunciou uma nova época na civilização do Japão, na qual os guerreiros tomaram o lugar da velha aristocracia tanto na liderança política como na cultural. Ao longo dos séculos subseqüentes, certos aspectos do Zen e do Neoconfucionismo foram adotados pelos samurais, influenciando o desenvolvimento do Bushidō e da ética japonesa.

Em fins do século XIII, os soberanos mongóis da China fizeram duas tentativas de invadir o Japão. Esquecendo momentaneamente as constantes rivalidades entre seus próprios baronatos militares, os guerreiros japoneses repeliram o ataque de uma esquadra invasora. A outra foi destruída pelos ventos de uma tempestade, chamada de *kamikase*, ou "vento divino", que se acreditava proteger a terra sagrada do Japão. Esses acontecimentos causaram profunda impressão na mente dos samurais, mas também abalaram a ordem militar. Assim como no antigo Japão tribal, no Japão feudal a recompensa tradicional pela vitória na guerra era a terra conquistada; mas a derrota dos mongóis não produziu nenhum novo território com o qual premiar os feitos dos guerreiros japoneses.

O descontentamento resultante exacerbou os atritos inerentes ao sistema feudal militar, acarretando por fim a derrubada da dinastia dominante de xoguns no século XIV. Esta foi substituída por um novo xogunato, estabelecido na capital imperial de Quioto por outro clã samurai e seus aliados. O novo xogunato de Quioto, que nunca fora tão poderoso, política ou militarmente, quanto o primeiro xogunato no seu apogeu, foi mais longe do que seus predecessores no patrocínio do Zen-budismo e das artes associadas ao Zen. Com o estímulo de um dos mestres zen líderes, o xogun de Quioto também renovou seus contatos com a China.

A fragmentação política, contudo, continuou a fomentar o conflito entre os baronatos. A fraqueza dos senhores feudais e a ambição dos vassalos estimularam gerações de conflito armado entre as várias ordens de samurais. O último terço do século XV e grande parte do século XVI assistiram virtualmente a uma contínua guerra civil. Historiadores japoneses descrevem a vida dos guerreiros nessa época com a frase *ge koku jô* — "Aqueles que estão embaixo dominam os que estão em cima" — enquanto casas há muito estabelecidas e alianças de chefes guerreiros eram atacadas e aniquiladas por samurais mais ávidos das ordens inferiores das classes militares.

Não obstante a turbulência desse período, conhecido como a era dos Estados em Guerra, o comércio exterior continuou de acordo com a iniciativa dos diversos baronatos capazes de participar. Ao longo da guerra prolongada e da lei militar, os japoneses haviam desenvolvido a fabricação daquelas que foram consideradas as melhores espadas na Ásia e exportaram enorme quantidade de afiadas espadas de aço para a dinastia Ming da China, também envolvida na guerra civil. Flibusteiros e piratas *(wakô)* japoneses enxameavam a costa da China e o sudeste da Ásia, e as colônias japonesas foram estabelecidas nos países ao longo das grandes rotas comerciais dessa região.

Foi por volta do fim da era dos Estados em Guerra que os europeus aportaram pela primeira vez no Japão, quando tanto eles como os japoneses deram novos começos em suas histórias. O poderoso general Oda Nobunaga logo percebeu as vantagens políticas e militares de acolher o Cristianismo e a tecnologia ocidental. Travando implacáveis batalhas contra seus rivais, incluindo as ricas e poderosas seitas budistas Tendai, Nichiren e Shinshū, Oda reunificou quase todo o Japão fragmentado politicamente no século XVI.

Depois que Oda foi assassinado por um companheiro, seu antigo aliado Toyotomi Hideyoshi assumiu o comando de seus territórios e procurou expandir o seu próprio controle ainda mais. De certa forma no comando de uma artilharia ocidental, Hideyoshi distanciou-se dos europeus e iniciou suas próprias aventuras imperiais. Depois de ter consolidado seu poder no Japão de forma por ele considerada suficiente para seus propósitos, Hideyoshi tentou tomar a Coréia e as Filipinas. Esses empreendimentos foram um completo fiasco, e seu sucessor político-militar Tokugawa Ieyasu acabou rejeitando o colonialismo, junto com o restante da cultura ocidental, excluindo virtualmente toda a série das idéias e práticas religiosas, sociais, tecnológicas, políticas e econômicas do Ocidente.

A política isolacionista iniciada por Tokugawa Ieyasu iria durar dois séculos e meio, trazendo profundas implicações para o desenvolvimento do Japão em todos os setores, desde a estrutura social interna até as relações internacionais. Séculos de livre comunicação com o Ocidente, desde o século XVI em diante, sem dúvida teriam resultado não apenas num Japão diferente, mas numa Ásia Oriental diferente. No contexto da história marcial, se Hideyoshi tivesse colaborado ativamente com os colonialistas europeus ou se tivesse recrutado mercenários europeus, teria aumentado a eficiência de suas incursões na Ásia Maior. Aparentemente, o principal obstáculo a impedir o Japão de tornar-se uma grande potência colonial na Ásia nos dois séculos que precederam a chegada da Europa foi a sua desunião interna.

Toyotomi Hideyoshi e Ieyasu, aliados japoneses de uma ou mais potências européias na época de sua reunificação sob Oda Nobunaga, quatro séculos atrás, teriam sido capazes de estabelecer relações com a Ásia (e a Europa) em termos muitos diferentes daqueles de uma nação isolada e tecnologicamente atrasada. Isso por sua vez teria afetado o desenvolvimento do império moscovita nos séculos XV e XVI, alterando a face da Eurásia.

O isolacionismo do Japão no começo do século XVII não parece ter sido motivado simplesmente pela insularidade, pela falta de previdência ou pelo fiasco das atividades bélicas na Ásia Maior. Os japoneses não estavam certos de poder conter a agressividade das forças ocidentais, as quais, acreditava-se, também queriam o território e a riqueza japoneses. Segundo sua visão, o governo do Japão parece ter defrontado a possibilidade de um conflito direto com o Ocidente, bem como a possibilidade de ter as potências ocidentais lutando entre si por espólios no território japonês.

Do ponto de vista estratégico, os guerreiros japoneses poderiam ter tentado salvaguardar o Japão mantendo os aliados europeus preocupados com a China e o restante da Ásia, mas as potências ocidentais pareciam decididas a ocupar todos os espaços e devem ter parecido difíceis de controlar para Tokugawa Ieyasu.

O Japão finalmente deixou o isolamento, depois de duzentos e cinqüenta anos de introversão, sob a inflexível insistência dos americanos, que queriam negociar e pareciam preparados para abrir caminho à força se necessário. Em seguida a uma breve lua-de-mel com a civilização ocidental, período de miséria para alguns japoneses e de oportunidade para outros, à medida que a estrutura social realinhava-se com o novo ambiente, o exército reafirmou o controle e passou a imitar de novo o imperialismo ocidental, exatamente como fizera Hideyoshi três séculos antes.

Em 1894-1895 o Japão travou uma guerra contra a China, usurpando Taiwan, os Pescadores e a península Liaodong da Mandchúria, o que surpreendeu certas pessoas, e o consenso das potências ocidentais forçou o Japão a devolver a concessão de Liaodong. Décadas mais tarde, nos anos anteriores ao começo da II Guerra Mundial, escritores e oradores políticos japoneses ainda se enfureciam com esse insulto. Eles achavam que o Japão estava sendo excluído arbitrariamente do modelo de vida moderno que os próprios ocidentais lhe haviam imposto, forma de vida que na época incluía, evidentemente, no plano da política internacional, a corrida pelo poder sobre a velha Ásia.

Em 1902, o Japão fez uma aliança com a Grã-Bretanha, o que aumentou seu prestígio no Ocidente. Esse prestígio cresceu enormemente quando o Japão lutou contra a Rússia e a derrotou na guerra de 1904-1905. A Europa Ocidental preocupava-se há algum tempo com a Rússia, como concorrentes pela influência e pelas concessões na Ásia Central, Meridional e Ocidental, da Turquia e Armênia ao Afeganistão, Índia e Tibete.

Conquanto satisfeito por ver a Rússia vencida, o Ocidente não podia deixar de pensar se o Japão não poderia constituir um rival ainda mais temível, caso suas aptidões bélicas continuassem a se desenvolver em ritmo tão acelerado. O presidente americano Theodore Roosevelt interveio para negociar uma conclusão rápida para a Guerra Russo-Japonesa, e o Japão passou a ser reconhecido como uma potência mundial. Por volta de 1910, o Japão conseguira, até mesmo, anexar a Coréia.

Em 1914, o Japão declarou guerra oficialmente à Alemanha e invadiu o território alemão arrendado no nordeste da China. No ano seguinte, o Japão apresentou uma lista com vinte e uma exigências ao governo chinês, estipulando que o Japão assumisse o comando das possessões alemãs; que a Mandchúria e a Mongólia fossem reservadas para a colonização e exploração de recursos por parte do Japão; que as principais minas de carvão da China fossem colocadas sob o controle japonês; que nenhum outro território fosse cedido a potências do Ocidente; e que o Japão se encarregasse das questões financeiras, comerciais e militares da China.

A audácia dessas exigências constitui por si só uma rigorosa declaração da situação daqueles tempos. As potências do mundo ocidental frustraram a tentativa japonesa de controlar a política da China, mas esta aceitou o restante das exigências do Japão. O Japão reforçou ainda mais suas reivindicações em 1917, extraindo um segundo acordo em 1918. Também recebeu as possessões alemãs do nordeste da China no final da I Guerra Mundial, através de acordo secreto com os aliados.

Depois da guerra, o expansionismo japonês transferiu-se durante algum tempo dos canais militares para os econômicos e diplomáticos. Em 1922, suas tropas de ocupação foram retiradas da Sibéria, onde haviam permanecido desde 1918. Em 1923, um terremoto na área da capital destruiu a economia, já bastante enfraquecida pelo desvio de dinheiro — ganho sem esforço — da produção doméstica para as importações estrangeiras. O crescimento da vida metropolitana junto com essa primeira explosão de consumismo foi mais acentuado ainda pelo afluxo de um grande número de camponeses privados de seus direitos civis e não mais capazes de pagar as taxas exorbitantes exigidas pelo arrendamento das terras.

O pânico de 1929 e a Grande Depressão resultante vêm assolar um Japão já instável com força devastadora. As cidades pululavam de refugiados desempregados da pobreza rural, enquanto a mente das pessoas era dilacerada pela fratura entre a moderação de seus ideais tradicionais e a ênfase dada ao consumismo e à competição inerentes à influência da ocidentalização; agora, certos elementos do pensamento político e militar japonês voltavam-se novamente para o expansionismo, o nacionalismo e a mais rígida disciplina.

O expansionismo era visto como um meio de aliviar as pressões econômicas e sociais ocasionadas pelo número cada vez maior de japoneses desempregados. O nacionalismo era considerado um remédio contra a fascinação viciosa pelas coisas do Ocidente, o que já se mostrara capaz de trazer problemas econômicos dentro da estrutura do sistema então existente. Uma forma intensificada e pseudoxintoísta de nacionalismo também foi utilizada como justificativa para o expansionismo colonial japonês. O disciplinarismo, basicamente uma forma civil de militarismo às vezes disfarçado de Zen ou de artes marciais, serviu de método contra a influência da licenciosidade democrática ocidental, também percebida pelos pensadores reacionários como uma ameaça direta à estrutura econômica e social da sociedade japonesa.

Em 1931, uma facção militar japonesa temerária provocou um incidente na Mandchúria, e o Japão prontamente ocupou esse território como "resposta" ao incidente. Separando a Mandchúria da China, o Japão estabeleceu o estado fantoche Manchukuo, o qual se tornou uma posição avançada importante na visão japonesa de longo prazo de uma Ásia unida sob a sua liderança. Dando continuidade à penetração da China Setentrional em meados da década de 30, o Japão transformou-se em Estado totalitário na sua própria casa e em agressiva potência colonialista no exterior.

Finalmente, encurralado pelas tentativas americanas e inglesas de restringir sua aquisição de materiais essenciais para a indústria e o esforço da guerra, o Japão foi adiante para cometer o erro fatal de enfrentar todos os seus adversários de uma só vez. Esse mesmo erro, diretamente contrário aos princípios clássicos da arte da guerra, também mostrou-se fatal ao aliado japonês, a Alemanha, na ocasião detentora dos armamentos mais avançados do mundo e que poderia ter sido capaz de destruir grande parte da Europa se não houvesse invadido a União Soviética tão precipitadamente.

Depois de sua rendição incondicional aos Aliados em 1945, o Japão foi induzido a entregar os resultados de suas experiências pavorosas da moderna guerra química e bacteriológica na Mandchúria e também foi obrigado a renunciar para sempre à guerra, por decreto constitucional. Ao mesmo tempo, o imperador do Japão foi convencido a negar sua divindade e a estrutura do Estado xintó foi desmantelada. Não obstante esses acontecimentos, contudo, o Japão conservou sua força marcial e reconstruiu suas aptidões industriais relativas ao armamentismo durante a Guerra da Coréia, com o apoio de seus antigos inimigos.

Embora o império japonês tenha sido desmembrado dessa maneira, e a ameaça de imperialismo japonês aparentemente tenha sido eliminada pela esmagadora derrota de 1945, os sentimentos raciais subjacentes ao fanatismo militar japonês de forma alguma foram eliminados. Já em 1960, um livro que tratava supostamente do Zen e do Xintó dizia que o Japão tinha a missão divina de liderar o mundo, e a imprensa japonesa popular da década de 80 de tempos em tempos reavivava a controvérsia de o país realmente ter se rendido ou não e se o imperador tinha mesmo renunciado à sua divindade.

Atualmente, o Japão aproxima-se rapidamente da superioridade global na tecnologia para fins militares. Supondo-se que por alguma razão o Japão vá identificar eternamente os seus interesses com os de seus aliados de agora, nos últimos anos os Estados Unidos têm aumentado a pressão sobre ele no sentido de moderar o poder de sua economia, investindo com mais força em armamentos. Considerando-se a má vontade que esta e outras pressões afins, por parte dos Estados Unidos, têm fomentado na consciência japonesa, a prudência dessa política é duvidosa hoje, quando os Estados Unidos podem estar correndo o risco de se tornarem dependentes da tecnologia japonesa até mesmo para a sua própria defesa nacional.

Outras nações asiáticas, que antes suportaram o impacto do militarismo japonês, neste século sem dúvida têm consciência dos perigos da recuperação bélica no Japão e vêm expressando sua apreensão diante dos sinais de ultranacionalismo japonês percebidos nas esferas de atividades militares, educacionais, econômicas e diplomáticas. A esse respeito, as nações ocidentais, em particular os Estados Unidos, são consideradas demasiado arrogantes ou demasiado ingênuas para compreender de modo pleno que a tentativa de solucionar os problemas econômicos através da expansão da indústria armamentista traz consigo perigos que a história já mostrou, em última análise, estarem além do controle exclusivo da diplomacia.

O Zen na história do Japão

Política e religião têm estado intimamente relacionadas ao longo de grande parte da história do Japão. O Zen é uma das escolas de Budismo japonês que surgiu junto com o declínio da aristocracia feudal e o estabelecimento, pela elite militar, de uma estrutura de poder centralizado. Esta é a única dessas escolas importada há pouco da China, o que lhe conferiu um prestígio maior ainda aos olhos de seus adeptos samurais.

O Zen foi patrocinado pelos primeiros xoguns em parte como uma manobra para implementar uma espécie de revolução cultural e aumentar o prestígio e a legitimidade de guerreiros como líderes seculares. Por conseguinte, ele veio a associar-se à classe militar e chegou a ser chamado de religião dos samurais.

O Zen não foi, contudo, a única seita do Budismo a atrair adeptos entre os guerreiros, e os guerreiros profissionais de forma alguma obtiveram mais sucesso em dominar o Zen do que os membros de qualquer outra classe. No entanto, permanecem traços aparentemente indeléveis de influência militar sobre o Zen japonês, bem como de influência zen sobre o exército japonês. Acabou se tornando difícil separar as duas tendências de influência, ainda que ambas afetassem a vida cultural e política da nação.

O Zen chinês recentemente introduzido trouxe o Neoconfucionismo para o Japão, junto com seus próprios ensinamentos. Combinação do antigo idealismo social confucionista e do misticismo budista, o Neoconfucionismo foi utilizado pelos primeiros mestres zen na tentativa de instilar valores humanistas na mente da nova elite guerreira.

A princípio, o Zen também produziu uma vigorosa inspiração na direção da espiritualidade pura, e o movimento dos guerreiros no sentido de submetê-lo a seus próprios fins parece ter-se tornado preponderante somente várias gerações depois. Desde a época do segundo xogunato, contudo, existe uma distinção clara entre o Zen do espírito e o Zen do poder. O abismo entre a igreja zen politizada e o Zen espiritual aumentou durante a Idade Média, até quase nada mais restar deste último na época da fundação do terceiro xogunato, no começo do século XVII.

O Zen e as demais escolas novas de Budismo japonês surgidas por volta do final do século XII e princípio do século XIII foram favorecidas pelo declínio da aristocracia da corte que havia patrocinado as igrejas estabelecidas, bem como pela deterioração do clero budista da classe alta. Os primeiros mestres zen eram monges cultos das escolas clássicas que haviam se insurgido contra o materialismo e a politização do templo budista e que não haviam conseguido encontrar soluções práticas no âmbito dos estudos usuais.

Alguns desses monges foram até a China em busca de respostas e encontraram o Chan (o Zen), forma de Budismo diferente do que se conhecia no Japão daquela época. Conquanto o Chan houvesse florescido séculos antes, quando grupos de peregrinos japoneses foram à China em busca do conhecimento para o desenvolvimento da civilização japonesa, nessa época praticamente quase todas as escolas Chan passaram despercebidas aos peregrinos. Por volta do século XIII, contudo, o Budismo Chan havia penetrado tão profundamente na estrutura da civilização chinesa, e seus mestres e escolas haviam alcançado tamanho prestígio ao longo de centenas de anos de trabalho ininterrupto, que ele havia se tornado nessa época a forma preeminente de Budismo na China.

Entretanto, o Budismo Chan chinês já era considerado em estado agonizante pelos seus próprios mestres dirigentes quando os japoneses começaram a importá-lo de boa-fé. Já contando seiscentos anos de existência, essa forma de Budismo sofria com os costumeiros problemas da institucionalização provenientes do estímulo de sentimentos de propriedade relacionados com uma religião ou organização. O Chan também sofria de uma involução paralela em seus métodos com o aumento de uma complexidade e formalidade que pervertia sua eficiência.

Os primeiros peregrinos zen japoneses já conheciam a teoria budista clássica e haviam testemunhado pessoalmente a decadência institucional de formas ainda mais extremadas em suas próprias igrejas. Esses fatores sem dúvida os auxiliaram nos estudos zen na China, e a maior parte deles retornou ao Japão cinco ou seis anos depois. Como a própria China estava mergulhada em grande comoção, os peregrinos japoneses de modo geral não conseguiram viajar muito e, portanto, não conheceram muitos mestres zen chineses. Por outro lado, o movimento zen japonês também foi incrementado pelos monges chineses que buscavam asilo político do regime da dinastia mongol Yuan.

Segundo os historiadores, cerca de vinte e sete ou mais escolas zen foram estabelecidas no Japão medieval, a maioria delas associada à seita de Rinzai (Lin-chi ou Linji chineses). Os estudiosos do Zen não estavam limitados a uma escola e comumente freqüentavam mais de uma. Isso diluiu sua identidade enquanto escolas separadas, e apenas algumas das linhagens zen originais continuaram a existir por mais de três ou quatro gerações depois de terem sido levadas para o Japão.

O segundo xogunato, que substituiu o primeiro no século XIV, patrocinou o Zen-budismo na região de Quioto, utilizando suas instalações não apenas para fins religiosos mas também como base para o aprendizado e a cultura em geral. As artes zen da cultura, da poesia, da pintura, do ritual e do planejamento ambiental foram desenvolvidas e elaboradas durante esse período. O xogunato de Quioto também reiniciou as comunicações com a China, seguindo sugestão do mestre zen líder de seus primeiros tempos.

O interesse pela cultura chinesa nesse período chegou a um ponto em que grupos de cinqüenta peregrinos zen japoneses partiam em excursões aos mosteiros chineses. A evidente influência do Zen sobre a cultura japonesa havia atingido seu apogeu. O governo estabeleceu uma hierarquia dupla dos mosteiros zen de elite, encabeçada por estabelecimentos em torno da sede do primeiro e do segundo xogunato em Kamakura e Quioto. A educação liberal dos samurais de classe alta foi entregue em grande parte aos cuidados dos monges zen eruditos da capital.

Essas escolas são especialmente famosas pela sua poesia, arte e cultura secular, mas a sociedade monástica de elite, a serviço das classes superiores, passou a ser considerada decadente e espiritualmente arruinada em termos de iluminação zen original. Seguidores do Zen espiritual tendiam a evitar os mosteiros renomados, preferindo buscar mestres modestos nas províncias. Nas gerações posteriores, os praticantes do Zen pouco uso faziam da poesia das instituições da elite zen conhecida como Gozan, ou "Cinco Montanhas". A tradição da poesia e cultura secular das Cinco Montanhas foi continuada pelos especialistas neoconfucionistas, que acabaram libertando-se dos templos zen, enquanto a tradição da poesia zen para uso prático e não ornamental foi renovada no movimento restaurador do Zen mais tarde.

Devido à corrupção em suas instituições, em fins do século XV, o Zen foi virtualmente extinto na forma espiritual, se não na social e política. Um monge zen excepcional do século XV, o amado e popular Ikkyū, escreveu que todas as escolas zen haviam perdido a mensagem e eram nomes sem realidade. Considerado um dos maiores mestres zen japoneses da história, Ikkyū foi um crítico incisivo, dotado de irreprimível senso de humor. Seus escritos em vernáculo forjaram um elo único com a cultura popular, e ele acabou se tornando uma figura folclórica, tema de inúmeras fábulas repassadas de inteligência e sabedoria.

Ikkyū é famoso por carregar uma espada de madeira, afirmando que o Zen do seu tempo não possuía nem mesmo a "espada mortal" do discernimento intuitivo, muito menos a "espada vital" da compaixão objetiva. Diz-se também que ele destruiu seu *inka shōmei*, testamento tradicional de aprovação que lhe foi dado pelo seu mestre zen. Segundo uma história, Ikkyū destruiu duas vezes esse documento, afirmando que ele havia perdido seu significado no ambiente contemporâneo, com o desaparecimento da iluminação zen e a proliferação dos sacerdotes zen corruptos. Ele escreveu também que as pessoas antigamente iam aos mosteiros em busca da iluminação, mas agora estavam deixando os mosteiros para buscar a iluminação.

É difícil encontrar muitos registros das obras dos mestres zen autênticos no século XVI; deles restam apenas alguns fragmentos e historietas. Os monges zen intelectuais da capital envolveram-se com a arte, a literatura, a educação e a política, mas a prática zen havia se tornado tão formal que poucos alcançaram a iluminação. Excetuando-se as atividades de um número relativamente pequeno de praticantes fora dos grandes estabelecimentos urbanos, o Zen-budismo, de maneira geral, havia se tornado um movimento cultural.

A situação do Zen-budismo mudou radicalmente no século XVII, com a rejeição do Zen cultural e intelectual da Idade Média e o estabelecimento de novas escolas vigorosas de ensinamentos zen. As guerras civis chegaram ao fim e a Paz Tokugawa foi estabelecida em todo o Japão, tornando mais fácil para os estudiosos sair em peregrinação a fim de reunir o saber disperso da prática zen medieval. Houve também um movimento para renovar o estudo dos clássicos chan chineses, paralelamente a um movimento para absorver a essência da prática zen para uso popular. Em muitos casos, os mesmos mestres zen atuavam em ambos os movimentos. Esses mestres, que em sua maioria ainda evitavam os estabelecimentos monásticos da elite há muito corrompida, conseguiram promover um grande reavivamento no Zen-budismo.

Esse reavivamento alcançou seu apogeu em meados do século XVIII e entrou em estagnação daí em diante. A política governamental constituiu um obstáculo ao maior desenvolvimento do Zen. Sob essa política, foram instituídas inúmeras medidas para limitar rigorosamente as atividades e a influência do Budismo. Todos os mosteiros, conventos e templos, inclusive nas províncias mais distantes, foram incorporados a uma hierarquia sob a jurisdição de um dos mosteiros centrais de elite, por sua vez sob a jurisdição do governo militar.

Os templos das províncias também foram incorporados diretamente ao mecanismo governamental, como equivalentes das prefeituras e cartórios de registro dos dias de hoje. Muitos templos locais também dirigiam escolas primárias, mas seu currículo limitava-se à versão do Neoconfucionismo sancionado pelo governo. Leigos eram proibidos de lecionar o Budismo, mesmo se fossem considerados competentes pelas próprias autoridades zen. Exigia-se de cada seita que se submetesse a uma lista de princípios, por sua vez declarados como dogma pelo Estado; qualquer inovação estava proibida oficialmente.

O Budismo sempre fora considerado uma espécie de ameaça ao Estado quando não fazia parte do próprio mecanismo de autoridade governamental. A tentativa Tokugawa de fossilizar prematuramente o Budismo e de reduzir seu poder teve início no século XVII, com o ressurgimento do próprio Zen. Essa ameaça externa à vida espiritual do Zen foi ainda mais agravada no século XVIII, com a sua anexação às formas da religião.

Segundo a literatura técnica zen, os sintomas característicos da anexação às formas incluem o fascínio por fenômenos secundários e uma incapacidade de ter acesso à fonte de criatividade. Esse é considerado um hábito mental que de modo geral é desempenhado nos planos individual e coletivo da história humana e precisa ser superado a cada geração. A involução de novo estabelecida como Zen tornou-se complexa, misteriosa e artificial nas repetidas tentativas de arrancar uma geração após outra de inspiração fora das restrições de sistemas e doutrinas. O currículo oficial tornou-se uma caricatura dos ensinamentos zen originalmente flexíveis que haviam iniciado o reflorescimento do século XVII.

Em meados do século XIX, com a substituição do terceiro xogunato pela lei imperial direta e o fim do isolacionismo radical do Japão feudal anterior, o Zen-budismo foi submetido a novas pressões. O Budismo foi atacado, dentro do Japão, como religião estrangeira pelo estabelecimento do Estado xintó sob a liderança do imperador. Essa tendência antialienígena e antibudista foi ideologicamente sustentada por extremistas de um movimento acadêmico xenófobo denominado Estudos Patrióticos (Kokugaku), surgido no século anterior e gozando então de grande prestígio. Muitos templos budistas foram confiscados e convertidos em santuários xintoístas.

O Budismo foi ameaçado do exterior pela agressividade das missões cristãs, na tentativa de unir o conhecimento técnico ocidental, então avidamente buscado pelos japoneses, e o Cristianismo como é compreendido no Ocidente. Como parte do método missionário cristão consistia em criticar e reprimir as religiões locais, que procurava suplantar, grande parte do saber ocidental primitivo sobre o Budismo teve início a partir desse esforço e foi moldado por esse motivo.

Os budistas japoneses reagiram à polêmica européia de diferentes maneiras. Alguns mergulharam mais profundamente nas escrituras budistas e nos clássicos para defender sua fé contra a difamação ocidental. Outros tornaram-se iogues fanáticos, mestres ou artistas marciais. Outros ainda imitaram os métodos da escolástica ocidental e tentaram usá-los para analisar seus clássicos e suas histórias, tornando-se acadêmicos e intelectuais profissionais de acordo com os modelos europeus.

Traços de todas essas tendências ainda são encontrados no Japão de hoje, mas as formas inspiradas pela ioga, a disciplina e as artes marciais do Zen e do Budismo tendem a atrair mais o interesse geral do que o acadêmico tradicional ou ocidentalizado. Depois da queda do último xogunato e com o fim do patrocínio do

Budismo pelo Estado, deu-se uma atenção cada vez maior ao entusiasmo e apoio populares então em alta. Um dos importantes pioneiros desse movimento foi um monge zen notável, de nome Nantembō (1839-1925), criado no Japão feudal e que posteriormente atraiu inúmeros seguidores dentre a aristocracia e a elite militar.

Nantembō sacudiu o mundo do Rinzai-Zen com ataques fulminantes ao seu sacerdócio hereditário e fez campanha por um sistema de capacitação universal para os mestres rinzai-zen. Nantembō não conseguiu persuadir as autoridades a instituírem esse sistema e acabou perdendo a esperança de reformar o Zen monástico. Considerando o Zen monástico estabelecido política e moralmente corrupto, ele dedicou o seu tempo ao desenvolvimento do Zen leigo, gerando uma onda de entusiasmo ao introduzir uma técnica especial para alcançar rapidamente a concentração e o êxtase. Seus retiros de meditação intensiva tornaram-se populares entre a elite social, cujas famílias eram tradicionalmente protetoras dos rinzai-zen ou estavam envolvidas com as artes clássicas antes associadas a esse setor.

Conquanto apenas alguns discípulos desse mestre zen tenham aprendido seus ensinamentos completos, ele teve milhares de adeptos leigos, e sua influência foi amplamente difundida através de vasta correspondência, entrevistas pessoais e encontros de reavivamento do Zen, nos quais as pessoas se reuniam para fazer exercícios de concentração intensiva, pontuados por embates com o mestre. O próprio Nantembō afirmava que seiscentas pessoas haviam alcançado a experiência de um estágio básico do Zen sob a sua orientação, incluindo alguns dos elementos mais proeminentes da sociedade civil e militar.

Visto que a técnica intensiva de Nantembō, conforme era empregada em seus programas de choque, difundiu-se sem o contexto do ensinamento como um todo, os perigos inerentes a esse método muitas vezes não foram verificados entre os entusiastas zen das gerações subseqüentes. A ferocidade combativa do estilo de treinamento utilizado por Nantembō e por outros antigos monges zen, criado na época feudal, foi absorvida não apenas pelas forças militares e policiais através do rigor das escolas de artes marciais por eles seguidas, mas também pelo mundo civil através dos métodos *jigoku* ("inferno") usados para treinamento de alunos e empregados de grandes empresas.

Os métodos de Nantembō difundiram-se mais através de um de seus discípulos de outrora, um leigo que ele reconhecera haver passado por todo o sistema mas que acabou deixando o mestre dizendo que "ele não tinha olhos para ver". Embora essa expressão em geral se refira à cegueira ou à ignorância, ela pode ter vários significados. Às vezes refere-se à ignorância ingênua no sentido de falta de consciência. Também pode ser usada para se referir à ignorância refinada, como a que acontece através da fixação em totens.

O termo é também uma descrição clássica de uma espécie de "enfermidade zen" causada pelo excesso de concentração na meditação do tipo que pára a mente. Em termos mais refinados a expressão significa que o mestre zen em questão está absorto no nirvana. Neste último sentido, é interessante observar que Nantembō foi um dos raros mestres zen contemporâneos a ter seu funeral antes da própria morte, uma antiga cerimônia realizada para certos guerreiros, sacerdotes e sacrifícios humanos.

O significado do fato de o discípulo graduado ter deixado Nantembō e procurado outro mestre depende da intenção da afirmativa de que o primeiro não tinha olhos para ver. Qualquer que seja a interpretação dessa questão, está claro que o antigo discípulo levou pelo menos parte da técnica intensiva de Nantembō para sua nova escola, através da qual ela veio a difundir-se ainda mais, particularmente entre os profissionais zen leigos.

Alguns praticantes do Zen também têm utilizado esse método em tentativas de popularizar o Zen no Ocidente, na suposição de que a rapidez e a dramaticidade de seus efeitos iniciais poderiam interessar e inspirar os ocidentais ainda não acostumados a idéias mais sutis. Certas imitações desse tipo de técnica também têm se desenvolvido alhures na moderna cultura ocidental, graças à interação com uma energia diluída, porém visível, da cultura zen japonesa.

Os efeitos colaterais causados pela superestimação e pela superutilização de métodos hiperintensivos apareceram mais tarde, em gerações subseqüentes, e permanecem entre as questões que as modernas escolas zen e os sistemas de treinamento dos movimentos que elas influenciaram têm de enfrentar. Técnicas paralelas e derivadas já apareceram no Ocidente, patrocinadas por organizações japonesas e ocidentais e usadas em contextos religiosos e seculares. Essas relíquias dos estilos marciais feudais do Zen estão tão intimamente relacionadas com o estilo *jigoku* [inferno] de treinamento japonês do soldado/cidadão, que sua base no Bushidō destaca-se para a análise objetiva em qualquer estudo pragmático dos pontos comuns entre as culturas japonesa e ocidental, seja na esfera da religião, seja na da educação ou da indústria.

O Bushidō e as artes marciais

Em seu famoso *Livro das Cinco Esferas*, o espadachim Miyamoto Musashi introduz o tema da arte da guerra como um dentre os vários Caminhos tradicionais da cultura japonesa a ser estudado e praticado tanto por líderes políticos como por guerreiros profissionais.

> As artes da guerra são a ciência dos especialistas militares. Em particular, os líderes que praticam essas artes e os soldados também devem conhecer essa ciência. Atualmente, não existem guerreiros dotados da compreensão acurada da ciência das artes marciais.

Pouco antes do nascimento de Musashi, o Japão fora mais ou menos reunificado, depois de um século de guerras civis. Seu tempo ainda foi altamente militarizado e caracterizado pelo conflito armado interno e externo. Ele iria falecer pouco depois da destruição final da oposição ao novo shogunato, estabelecido ao longo de sua vida. No seu estudo clássico sobre a estratégia, escrito no fim da sua vida, Musashi afirma que os guerreiros do seu tempo não compreendiam realmente as artes marciais; não fica claro se ele considerava esse declínio da tradição como tendo origem em tempo de guerra ou em tempo de paz.

Contudo, Musashi sem dúvida considerava o caminho do guerreiro uma vocação especial. Assim como em qualquer outro Caminho, a supremacia dependia em grande medida da afinidade do praticante com a senda. Musashi compara a arte da guerra com outras artes como uma especialização que exige sua própria e característica inclinação.

> As pessoas praticam os caminhos para os quais se sentem inclinadas, desenvolvendo preferências individuais. O Budismo é um caminho de ajuda às pessoas. O Confucionismo é um caminho de civilização. A cura é um caminho para sanar as enfermidades. Os poetas ensinam o caminho da poesia; outros escolhem os caminhos da adivinhação, da arte de atirar com o arco e diversas outras artes e ofícios. Poucas pessoas apreciam a arte da guerra.

A afirmação de Musashi de que poucas pessoas apreciam as artes marciais é radicalmente contrária à sua moderna popularidade, tanto na Ásia como no Ocidente. Na época de Musashi, contudo, o caminho do guerreiro não era um passatempo, mas um estilo de vida como um todo. Esse tipo de vida incluía rigores e perigos, que logo iriam desaparecer até mesmo do mundo dos samurais japoneses.

O caminho de Musashi tinha uma característica em comum com os conceitos filosóficos chineses clássicos do caminho do guerreiro, qual seja, sua ênfase numa combinação equilibrada de aprendizado prático tanto nas artes culturais como nas marciais: "Antes de mais nada", escreveu ele, "o caminho do guerreiro significa familiaridade com as artes culturais e marciais." Na China antiga, quando as guerras ainda eram travadas exclusivamente por homens das casas aristocráticas, a palavra simples *shi*, ou "cavaleiro", significava tanto erudito quanto guerreiro. O aprendizado dessa classe de homens era considerado uma das tarefas mais importantes da cultura.

Posteriormente, os eruditos ainda eram adestrados nas artes marciais, enquanto os guerreiros também aprendiam artes culturais. Essa prática foi adotada pelos samurais das classes altas do Japão, onde a identificação das elites civis e militares foi mais completa e duradoura do que na China. Contudo, embora seguisse a tradição do guerreiro cultural tanto na teoria como na prática, graças à sua formação Musashi inevitavelmente dava mais importância às artes marciais.

> Ainda que sejam desajeitados, os guerreiros devem fortalecer sua arte marcial tanto quanto possível nas circunstâncias.[...] Na China e no Japão, praticantes dessa ciência tornaram-se lendários como mestres das artes marciais. Os guerreiros não devem deixar de aprender essa ciência.

Uma das características do caminho do guerreiro que parecem distingui-lo do caminho da cultura é a presença constante da morte. Costuma-se dizer que os guerreiros apreciavam o Zen-budismo, entre outras razões, porque ele os ensinava a enfrentar a morte com serenidade. Musashi, ele mesmo profundamente interessado pelo Zen, rejeita essa argumentação.

> As pessoas costumam supor que os guerreiros pensam apenas em se habituar à iminente possibilidade da morte. No que se refere ao processo da morte, os guerreiros não são os únicos que morrem. Todo tipo de pessoas conhece o seu dever, envergonha-se de negligenciá-lo e compreende que a morte é inevitável. Nesse aspecto, não existe diferença entre os grupos sociais.

Do ponto de vista da propagação cultural, ou da comunicação transcultural, vale notar que essa passagem do *Livro das Cinco Esferas* de Musashi tem sido apresentada de maneira diferente por alguns tradutores, de modo a estabelecer uma distinção entre o caminho do guerreiro e os caminhos de outras posições sociais. Considerando-se a importância central da morte tanto no Budismo como no Bushidō, vale examiná-la.

Dois tradutores se referem a Musashi afirmando que pessoas que não os guerreiros apenas se resignam à morte quando o dever ou o infortúnio as obrigam a fazê-lo. Gramaticalmente, isso se encontra dentro da esfera da possibilidade, mas Musashi não diz isso de modo aberto — algo que ele poderia ter feito com facilidade e com uma só partícula. Um tradutor chega, até, a substituir a última linha com seu oposto, afirmando ser o caminho dos guerreiros e os caminhos dos outros estilos de vida completamente diferentes. Essas leituras parecem profundamente influenciadas pelas próprias preconcepções rejeitadas por Musashi. O fenômeno também é comum nas traduções de certas obras zen.

No sentido literal do original, a afirmação de Musashi inclui especificamente monges e freiras, mulheres, fazendeiros e "até mesmo as pessoas que estão abaixo deles", o que significaria os artesãos, os negociantes, os párias e os intocáveis. Na própria vida de Musashi, o antigo sistema de classes japonês passou pela fase de radicalização mais extrema, acentuada pela sanção do governo a um sistema de casta.

A maioria das pessoas simplesmente nasceu para um estilo de vida, sem outra escolha senão aceitar; esse se tornou o seu dever e a sua razão de ser. A morte era a única alternativa.

Entretanto, havia categorias diferentes de morte no mundo de Musashi. Havia a morte social e havia a morte física. Algumas pessoas escolhiam a morte física quando experimentavam a morte social, e essa escolha era sempre respeitada, se adequadamente executada. Por outro lado, pessoas que haviam falhado em seus estilos de vida podiam fugir e unir-se a profissionais desprezados, freqüentemente perseguidos pelos intocáveis, tornando-se latoeiros, ambulantes, mascates, agentes funerários, sapateiros e assim por diante. Podiam também juntar-se ao mundo dos párias, tornando-se prostitutas, proxenetas, jogadores e artistas de variedades. Outra possibilidade consistia em tornar-se monge ou freira, embora nessa época monges e freiras ainda pudessem acabar num dos submundos dos intocáveis ou das mundanas.

O fato notável na sociedade japonesa do século XVII, contudo, era que as pessoas de todas as posições sociais compreendiam a inevitabilidade da morte, sem ter absolutamente de relacioná-la com o dever ou com a consciência. Os camponeses comuns estavam tão próximos da morte quanto qualquer guerreiro; muito menos os guerreiros burocráticos, para os quais as artes marciais eram um passatempo. A política do shogunato consistia em manter as pessoas inseguras de seu destino; por isso, elas não precisavam do Budismo para lembrá-las da evanescência da vida.

Os agricultores, que constituíam quatro quintos da população nessa época, eram sobrecarregados com tributos tão elevados que constantemente se sentiam ameaçados de inanição. Também eram ameaçados de *burei-uchi* ("ser morto por insolência") sempre que estavam na presença dos samurais. Assim, independentemente de serem guerreiros ou camponeses, não era exatamente a cultura tradicional do Budismo que fazia as pessoas se lembrarem da morte, mas a proximidade real da morte é que provocava o interesse pelo Budismo.

Por conseguinte, Musashi rejeitava a idéia habitual de que a consciência da morte iminente é a disposição de ânimo característica e fundamental do caminho do guerreiro. Ao contrário, ele dizia que é a necessidade opressora de vencer. Mesmo admitindo o papel relativamente limitado da competição no seu tempo, Musashi é talvez ingênuo ao considerar essa necessidade de vencer característica dos guerreiros, tão ingênuo quanto julgava os demais em suas opiniões. Por outro lado, a estreiteza de seu pensamento nessa questão não é sua, mas um subproduto do sistema de castas em que vivia.

Retratando seu ponto de vista como samurai do Japão feudal, Musashi descreve o caminho do guerreiro nos seguintes termos:

> O caminho da execução das artes marciais dos guerreiros baseia-se de todo modo na superação dos demais. Seja vencendo um duelo individual ou um combate com várias pessoas, o pensamento é o de servir aos próprios interesses, aos interesses do patrão, de se tornar conhecido e socialmente estabelecido. Tudo isso é possível através das artes marciais.

Isso já acontecia com outras profissões no tempo de Musashi, e é ainda mais verdadeiro na atualidade. A atual popularidade dos escritos de Musashi e de outros guerreiros atesta sua relevância para diferentes posições sociais. O próprio Musashi corrige sua visão nesse livro. Quanto às próprias artes marciais, a estilização e abstração formais que as caracterizam hoje já começavam quando Musashi escreveu seu famoso tratado, anos depois da última guerra dinástica. Graças a isso ele lança um alerta contra o diletantismo no caminho do guerreiro, ressaltando a necessidade de habilidade para adotá-lo. O caminho tem de ser útil não apenas em combate, escreve ele, mas também em todos os aspectos da vida.

> Sem dúvida existem pessoas que pensam que nem mesmo a prática das artes marciais se mostrará útil quando surgir a verdadeira necessidade. A esse respeito, o verdadeiro caminho das artes marciais consiste em praticá-las de tal modo que sejam úteis em qualquer momento, e ensiná-las de tal modo que sejam úteis em todas as coisas.

Nesse sentido, Musashi lamenta a comercialização das artes marciais, acarretando a fragmentação da ciência, com elaborações nada práticas e movimentos baseados no senso teatral e não na eficiência da guerra.

> Nos últimos tempos, as pessoas que ganham a vida como artistas marciais são apenas mestres em esgrima. Só muito recentemente os sacerdotes xintoístas de determinadas regiões percorrem as províncias ensinando às pessoas diversos estilos de esgrima, por eles desenvolvidos e passados adiante como se houvessem sido transmitidos pelos espíritos.

A prática de atribuir às artes e às ciências antecedentes remotos ou mesmo divinos não é rara no Oriente. Diz-se vez por outra da arte marcial conhecida como T'ai Chi Ch'uan ou Taijiquan ("pugilismo absoluto"), por exemplo, que foi revelada pela primeira vez a seu criador por um espírito num sonho. Observe-se aqui como Musashi associa as escolas populares de artes marciais ao

Xintó e não ao Zen-budismo. Ele segue falando da "arte da vantagem", essência abstrata da arte da guerra.

> Desde a antigüidade, a "arte da vantagem" tem sido acrescentada às artes e aos ofícios tradicionais; mas quando falamos da arte da vantagem, não se deve limitá-la apenas à arte de manejar a espada. E mais: a própria arte de manejar a espada dificilmente pode ser conhecida considerando-se apenas o modo de obter a vitória com o uso da espada.

"A arte da vantagem" é uma expressão mais abrangente do que "artes marciais", pois refere-se à ciência da estratégia de modo geral. Aqui o significado prático das artes marciais afasta-se um pouco de sua função no aprendizado do Zen, na medida em que se concentra na vantagem pessoal e não na própria engenhosidade. Musashi continua falando da alienação de todas as artes em relação às suas aplicações educacionais através da comercialização.

> Da forma como vejo a sociedade, as pessoas transformam as artes em produtos comerciais. Elas pensam, inclusive, em si mesmas como mercadorias, e também se aparelham para aumentar seu valor comercial. Essa atitude assemelha-se a flores comparadas a sementes: as flores são mais numerosas do que as sementes; há mais beleza do que realidade.
>
> Particularmente nas artes marciais, existe muita teatralidade e vulgarização de caráter comercial. O resultado disso tem de ser, como disse alguém: "As artes marciais amadoras são uma fonte de sérios danos."

Musashi insistia, portanto, na habilidade técnica nos fundamentos da arte do guerreiro, assim como seria exigido em qualquer outra profissão. Para os guerreiros, isso significa conhecimento dos armamentos, mas os conselhos de Musashi a esse respeito têm a força de uma metáfora:

> A ciência das artes marciais para os guerreiros exige o fabrico de várias armas e a compreensão das propriedades das armas. O membro de uma família de guerreiros que não aprende a fazer uso das armas e a compreender as vantagens específicas de cada uma pareceria de algum modo inculto.

Ampliando esse princípio geral na sua alegoria do mestre carpinteiro, Musashi ressalta a sabedoria do aprender todos os aspectos e todas as artes de uma profissão ou negócio. Isso reforça a antiga instituição do aprendizado, através do qual as pessoas podiam dominar uma ocupação em todos os seus aspectos por meio de um processo natural do desenvolvimento. O princípio também tem sido aplicado pelos japoneses no mundo dos negócios da última metade do século XX, e constitui um dos maiores fatores de sustentação para as bem conhecidas vitórias técnicas e sociológicas conquistadas pela indústria e pelos negócios japoneses. Musashi escreve:

> Utilizarei a carpintaria para falar das artes marciais. A comparação do carpinteiro refere-se ao mestre carpinteiro que constrói casas. Refiro-me a aristocratas, famílias de militares e escolas de arte e cultura em termos de tradição, estilo e "casa"; portanto, assim como estamos empregando a palavra "casa", utilizei a arte da carpintaria como símbolo.

O uso da imagem de um mestre carpinteiro para representar a liderança remonta aos antigos clássicos taoístas e está particularmente presente nos tratados políticos de *Huainanzi*, um dos principais livros do Taoísmo filosófico. Conquanto ele não fosse habitualmente estudado no Japão, Musashi entrou em contato com esse livro através de sua associação com o Zen-budismo. Diz-se que o conhecimento taoísta foi uma das muitas realizações do famoso mestre zen Takuan, contemporâneo mais velho de Musashi e professor do xogum e do mestre espadachim Yagyū Munenori.

De todo modo, as idéias organizacionais utilizadas por Musashi tornaram-se tradicionais graças ao prestígio de sua fonte, especialmente num meio cultural sob a influência do Zen. No *Livro das Cinco Esferas*, Musashi explica a sua própria arte usando a metáfora clássica, deixando assim o seu potencial simbólico ilimitado:

> A palavra para carpinteiro é escrita com os caracteres para "grande habilidade". Como a ciência da arte da guerra é uma grande habilidade, ela é simbolizada pelo carpinteiro. Se você quer aprender a ciência da arte da guerra, medite sobre esse livro; deixe que o mestre seja a agulha e o aluno a linha, e pratique sempre.
>
> Como o mestre carpinteiro é o organizador geral e o mentor dos empregados, é tarefa do mestre carpinteiro compreender o sistema de medidas, manter a precisão das medidas locais e seguir as medidas do estabelecimento do mestre carpinteiro.
>
> O mestre carpinteiro, sabendo como construir todo tipo de estrutura, emprega pessoas para construir casas. Nesse sentido, ele é igual ao mestre guerreiro.
>
> Quando da escolha da madeira para construir uma casa, se os troncos de boa aparência, retos e sem nós, são usados para os pilares frontais; se os troncos com alguns nós, mas ainda retos e resistentes, são usados para os pilares posteriores; se os troncos talvez um tanto frágeis, mas sem nós e de boa aparência, são usados para a armação; e se os troncos que podem ser retorcidos e recurvados, mas ainda assim resistentes, são usados de maneira adequada, levando-se em conta as diversas partes integrantes da casa, então a casa terá longa duração. Até mesmo os troncos retorcidos, recurvados e frágeis podem ser usados como andaimes e mais tarde podem ser transformados em lenha.
>
> À medida que o mestre carpinteiro comanda os empregados, ele vai conhecendo seus níveis de habilidade e lhes dá tarefas apropriadas. Até mesmo os inábeis e desajeitados podem receber tarefas compatíveis com sua capacidade. Se o mestre carpinteiro exercita o discernimento na designação das tarefas, o trabalho evolui tranqüilamente. Eficiência e progresso gradual, prudência em todas as ques-

tões, conhecimento da dinâmica como um todo, dos diferentes níveis de energia e temperamento, instilar confiança, saber o que não é possível — essas são as questões que ocupam a mente do mestre carpinteiro. E assim acontece nas artes marciais.

O clássico taoísta *Huainanzi* trata da igualdade social em termos da ocupação plena de acordo com as aptidões individuais. Sob a orientação dos sábios, segundo o livro milenar sobre a arte de governar, "não existem pessoas inaproveitadas nem coisas inaproveitadas". Essa é a arte de um mestre político, bem como a arte de um mestre guerreiro. Em seguida, Musashi volta sua atenção para a posição do aprendiz.

> Como jornaleiros, os guerreiros afiam suas próprias ferramentas; fazem diversos implementos úteis e guardam-nos em suas caixas de carpintaria. Seguindo as instruções do mestre carpinteiro, eles cumprem todas as tarefas necessárias, assegurando-se de que as medidas estão corretas e de que todo o trabalho está sendo realizado com propriedade. Essa é a regra para os jornaleiros.
>
> Quando desenvolvem conhecimento prático de todas as artes desse ofício, eles podem eventualmente tornar-se eles próprios mestres carpinteiros.
>
> Os carpinteiros têm o hábito essencial de possuir instrumentos afiados e mantê-los amolados. É tarefa do carpinteiro usar esses instrumentos para talhar toda uma série de artigos. O mesmo acontece com os guerreiros.

Como sugere o próprio Musashi, assim é não apenas para os guerreiros, mas também para todos que habitam um mundo em constante mudança, no qual as aptidões e a fluidez são armas fundamentais à sobrevivência. Conquanto a estrutura exterior do aprendizado do guerreiro se baseie na interdependência de diversos fatores, sua dimensão interior baseia-se na relação entre o aprendiz e o aprendizado. O preciso equilíbrio dos elementos externos e internos sempre foi considerado uma das habilidades superiores da mestria e foi uma arte estudada com particular dedicação pelas antigas escolas zen.

O espadachim Yagyū Munenori, contemporâneo mais velho de Musashi que também nutria grande interesse pelo Zen, escreveu muito a respeito da atitude zen em relação ao aprendizado no seu *Livro das Tradições Familiares na Arte da Guerra*, no qual baseou seu argumento sobre o que havia ouvido do mestre zen Takuan.

> Os mestres das artes não podem ser chamados de discípulos enquanto não deixam para trás o apego às suas várias aptidões.
>
> Um mendigo perguntou a um santo venerável: "Que é o Caminho?"
>
> O santo disse: *"A mente normal é o Caminho."*
>
> O princípio dessa história aplica-se a todas as artes. Esse é o estágio no qual todas as enfermidades da mente desapareceram, quando você se tornou mentalmente normal e não tem moléstias, ainda que viva em meio a elas.

Como mais tarde explica Yagyū, "enfermidade" aqui significa fixação ou prolongamento da atenção. Esta é considerada uma anormalidade ou desvio do ideal zen, pois resulta na inibição da reação espontânea e do livre funcionamento. Por conseguinte, Yagyū exalta o nível de habilidade no qual se atinge a "normalidade" no sentido zen de mestria natural, e não constrangido o de sua própria ocupação.

> Para aplicar isso a questões mundanas, suponha que você esteja atirando e você saiba que está atirando enquanto está atirando: então o alvo do seu arco é inconsistente e instável. Quando maneja a espada, se tiver consciência de que está manejando a espada, seu ataque será instável. Quando está escrevendo, se você tem consciência de que está escrevendo, sua pena será instável. Mesmo quando você toca harpa, se tem consciência de que está tocando, a melodia será desafinada.
>
> Quando um arqueiro esquece a consciência de que está atirando e atira com uma disposição de espírito normal, como se vazio, o arco

estará firme. E também manejando uma espada ou montando um cavalo, você não "maneja uma espada" nem "monta um cavalo". E você não "escreve", você não "toca música". Quando você faz tudo com o estado de espírito normal, como se estivesse completamente disponível, então tudo se passa suave e facilmente.

Tudo o que você faz é o seu Caminho. Se você se torna obcecado por ele ou acredita que apenas ele é importante para você, então esse não é o Caminho. Quando nada tem no seu peito, você está no Caminho. Tudo o que fizer, se for feito com o peito vazio, sairá facilmente.

Existe um provérbio zen que diz: "Isso é isto, mas se te fixares nisso, isso não será mais isto." O que significa que a realidade imediata por si só é a iluminação, como afirmam tão freqüentemente os ensinamentos zen, salvo se o reconhecimento conceitual de que "isso é isto" substitui a experiência direta, deflagrando de novo o mecanismo de fixação. Portanto, o símbolo do espelho, refletindo espontaneamente, sem subjetividade e sem reter quaisquer imagens, passou a ser usado como alegoria popular para a mente zen elementar. Yagyū continua:

> Assim, tudo se reflete de modo claro num espelho, precisamente devido à clareza informe da reflexividade do espelho. O coração dos que estão no Caminho assemelha-se a um espelho, vazio e nítido, indiferente, mas que nada deixa de realizar.
>
> Essa é a "mente normal". Aquele que tudo faz com essa mente normal é chamado de adepto.
>
> Se em todas as suas ações você tiver em mente a idéia de agir e se agir com concentração direcionada, você estará descoordenado. Poderá agir corretamente uma vez, mas quando achar que está ótimo, você agirá mal. Ou você pode agir bem duas vezes e então errar de novo. Se ficar satisfeito porque agiu bem duas vezes e porque agiu apenas uma vez, você voltará a agir mal. Não existe realmente coerência no agir com a idéia de que está agindo bem.
>
> Quando o trabalho eficiente é feito de modo inconsciente e a prática se acumula, idéias de rápido desenvolvimento de aptidões

desaparecem silenciosamente, e em tudo o que faz você torna-se espontaneamente livre de pensamentos conscientes. Nesse momento, você nem sequer se conhece, quando seu corpo, seus pés e suas mãos agem sem que você faça algo em sua mente; você não comete erros, acerta dez em dez vezes. Mesmo então, se tomar consciência do que faz, você errará. Quando não está conscientemente atento, você tem êxito todas as vezes.

Contudo, não estar conscientemente atento não significa total indiferença; significa apenas uma mente normal.

O mestre zen Takuan explicou o relacionamento paradoxal que existe entre o aprendizado e a espontaneidade para Yagyū Munenori em termos que o espadachim mais tarde iria incorporar à sua própria tradição familiar das artes marciais. O mestre zen escreveu ao guerreiro:

> Você precisa compreender que, quando percorre o caminho desde o estado de iniciante até o estágio da sabedoria imutável, você tem de retroceder novamente à condição de iniciante.
>
> Deixe-me explicar em termos de suas artes marciais. Como iniciante, você nada conhece da posição da espada nem da postura; assim, nada possui mentalmente. Se alguém o ataca, você simplesmente luta, sem pensar em nada mais.
>
> Então, quando aprende diversos tópicos, como por exemplo a postura, o manejo da espada, onde colocar a atenção, sua mente se deixa fixar em vários pontos, e assim você se deixa confundir completamente quando tenta atacar.
>
> Mas se você praticar dia após dia, mês após mês, finalmente a postura e o manejo da espada estarão mais na sua mente, e você será como um iniciante que nada sabe.
>
> É nesse sentido que se diz que o começo e o fim são iguais, assim como um e dez tornam-se próximos quando você conta de um a dez. E assim também se dá com as notas mais graves e as mais agudas de uma escala musical que se tornam próximas abaixo e acima de um ciclo da escala.

Assim como as notas mais agudas e mais graves são semelhantes, os budas — que chegaram ao mais elevado aspecto da evolução humana — assemelham-se a pessoas que nada sabem do Buda nem do Budismo, nada possuindo da aparência exterior com a qual as pessoas imaginam os budas.

Portanto, as aflições do desconhecimento prolongado do princípio e a sabedoria imutável do final tornam-se uma coisa só. O lado cogitativo do seu cérebro desaparecerá, e você virá repousar num estado no qual não há preocupação.

Pessoas totalmente ignorantes não mostram sua inteligência, ao que parece, porque não a possuem. A inteligência altamente desenvolvida não se exibe porque já se escondeu. Devido à pseudo-erudição a inteligência sobe à cabeça, num espetáculo ridículo.

Diz um provérbio taoísta: "O negociante esperto esconde suas mercadorias e finge nada ter." Os clássicos taoísta e zen também falam em "suavizar a luz para se harmonizar com o mundo". A exibição consciente de si mesmo é considerada não apenas inconveniente como contraproducente. Disse um mestre zen chinês da dinastia Sung: "Aqueles que não possuem virtudes reais interiores, mas que externamente contam com talento floreado, são como barcos furados mas pintados com cores brilhantes — se você colocar bonecos nos barcos e lançá-los em terra seca, eles parecerão bem; mas quando entrarem nos rios e lagos, quando enfrentarem o vento e as ondas, não correrão perigo?"

A prática de "esconder a própria luz" de modo a afigurar-se um ser normal aos olhos dos demais era empreendida deliberadamente pelos antigos místicos budistas e taoístas depois de alcançarem a iluminação, na convicção de que assim poderiam alcançar níveis mais elevados de sutileza do que se se deixassem admirar pelo seu conhecimento. Essa era uma forma de modéstia superior àquela prescrita aos alunos, para os quais a compulsão de se exibir era considerada fatalmente destruidora de suas chances de iluminação. Fushan, um dos grandes mestres zen chineses, disse:

"Aqueles que ostentam sua cultura e se vangloriam sem jamais ter realmente aprendido a alcançar o Caminho, utilizando-se da eloqüência e da língua afiada para conquistar vitórias, são como anexos sanitários pintados de rubro. A cor rubra só faz aumentar o odor."

Em seu livro sobre as tradições familiares, Yagyū ao mesmo tempo concentra e amplia os ensinamentos do mestre zen Takuan.

> Torna-se mais fácil fazer o que quer que seja quando não existe nada na sua mente. Por essa razão, o estudo de todas as artes zen visa remover aquilo que está na sua mente. No começo você não sabe nada; você nem sequer tem perguntas a fazer. Então, quando começa a estudar, passa a existir algo na sua mente, e você é bloqueado por isso, o que torna tudo mais difícil.
>
> Quando tudo o que você estudou abandona por completo a sua mente, e a prática também desaparece, então, no momento em que executa qualquer arte em que estiver envolvido, você usará a técnica correspondente com facilidade, sem se preocupar com o que praticou e sem, no entanto, se desviar daquilo que praticou. Esse ajustamento acontece espontaneamente, sem que você se aperceba dele.

Praticamente em todos os campos das artes tradicionais japonesas, era costume começar com uma vigorosa devoção a formas e ritos padronizados. Supunha-se que essa atitude induzia o estudante a ter a "sensação" da arte intuitivamente, sem se deter para racionalizar e projetar idéias subjetivas na própria ação. O propósito dessa disciplina rígida, contudo, não era automatizar o aprendiz, mas oferecer uma estrutura segura de apoio para uma faculdade extra de percepção, a qual poderia ser exercitada uma vez que a atenção consciente ao fundamento formal deixasse de ser necessária.

O objetivo principal da liberdade e da espontaneidade não era buscado arbitrariamente, mas de acordo com um processo gradual, que já havia sido testado. Adeptos que haviam ido além dos sistemas formais eram conhecidos por descobrir técnicas e movimentos naturalmente, sem tê-los aprendido de um mestre.

O mestre zen Takuan resumiu sua argumentação a respeito da espontaneidade independente e da prática concreta em termos de princípio e de ação.

> Existe a prática do princípio e a prática da ação. O princípio é como foi mencionado anteriormente: quando você alcança a mestria, você não luta com o que quer que seja. Está tudo no caminho com o qual você deixou de se importar.
>
> Contudo, se você não exercita a prática da ação, terá apenas o princípio em mente e não será capaz de fazer o que quer que seja a respeito.

Na terminologia budista, "princípio" costuma ser usado como sinônimo de "vazio" ou de "número", o que significa liberdade mental subjetiva na psicologia zen. A necessidade de praticar a "ação" refere-se à exteriorização da liberdade interior, a mestria mais avançada do Zen. Princípio também significa teoria, a qual é ineficaz sem a prática correspondente.

O guerreiro Musashi também seguiu o ensinamento zen sobre a clareza e a fluidez da mente como fundamento da própria arte do aprendizado, aplicável tanto às artes marciais e ao caminho do guerreiro quanto a qualquer outra arte ou caminho. No "Códice Água" do *Livro das Cinco Esferas* de Musashi, o guerreiro escreve em estilo semelhante ao de Yagyū e de Takuan, com uma elaboração mais técnica.

> Segundo a ciência da artes marciais, o estado de espírito deve permanecer igual ao normal. Concentre a mente de modo a não haver desequilíbrio nem diferença entre sua mente comum e a sua mente quando da prática das artes marciais. Deixe que sua mente seja am-

pla e direta e não tensa nem vaga. Relaxe calmamente a mente e saboreie esse momento de bem-estar com cuidado, de modo que o relaxamento não interrompa o relaxamento da mente por um instante sequer.

Mesmo quando você está calmo, sua mente não está calma; mesmo quando está apressado, sua mente não está apressada. A mente não é arrastada pelo corpo, o corpo não é arrastado pela mente. Preste atenção à mente e não ao corpo. Não deixe que haja insuficiência nem excesso em sua mente. Mesmo se superficialmente estiver sem energia, internamente seja forte, e não permita que os demais percebam a sua mente.

Deixe que sua mente interior seja límpida e aberta, colocando o intelecto num plano bem amplo. É fundamental aperfeiçoar o intelecto e a mente diligentemente. Quando você tiver aguçado o intelecto a ponto de poder ver tudo o que é e o que não é razoável, a ponto de poder dizer o que é bom ou mau, e quando você tiver experiência em diversos campos e for capaz de não ser enganado pelas pessoas do mundo, então a sua mente se tornará impregnada pelo conhecimento da arte da guerra.

Existe algo de especial no conhecimento da arte da guerra: é imperioso dominar os princípios da arte da guerra e aprender a manter a calma mesmo no calor da batalha.

Como ilustram os testamentos de Yagyū e Musashi, os guerreiros seguiram o ensinamento zen de esvaziar a mente por vários motivos: um deles era o de aprender o segredo do próprio aprendizado; o outro, aprender a agir com eficiência espontânea, livre de dúvidas, de hesitação e medo, quaisquer que fossem as circunstâncias em que pudessem estar; eles queriam ver as realidades independentemente, sem influências externas, e queriam aprender a ver as coisas antes de acontecerem, a se tornarem invulneráveis aos inimigos e mestres de seu próprio destino.

Essa última função da técnica zen depende de aguçar o discernimento da fina rede de relações causais sutis, removendo o véu das preocupações mentais. Os professores zen utilizam-na para prever a reação de seus alunos às idéias que lhes são ensinadas e aos exercícios que lhes são dados. Os estrategistas e os guerreiros utilizam-na para prever como os adversários reagirão às possibilidades percebidas num dado momento. O mestre da espada Yagyū escreve o seguinte a respeito desse tema com estas palavras:

> A remoção de ansiedades visa à percepção das intenções. Se as ansiedades não forem removidas, você vai se distrair com elas e não conseguirá enxergar. Deixando de enxergar, você está perdido.
>
> "Ansiedades" são enfermidades da mente, o que significa que a mente está insistindo num ponto ou noutro. A mente não se deve demorar mais tempo em determinado ponto do que o necessário para desferir um golpe. Isso é o mesmo que abandonar a mente sem abandoná-la.
>
> Ver com o coração e a mente é fundamental. Só quando você vê com o coração e a mente é que seus olhos percebem. Assim, a visão com os olhos é posterior à visão com o coração e a mente. Você vê com os olhos, e depois deve ver com o corpo, com as mãos e os pés.
>
> Ansiedade, ou enfermidade, significa pensar obsessivamente em alguma coisa. É também uma doença pensar obsessivamente em usar a arte da guerra. É doença pensar obsessivamente em exibir o que você aprendeu. É doença pensar apenas em atacar, e é doença pensar apenas em esperar. É doentio também pensar só em se livrar da doença. Quando a mente insiste exclusivamente em determinado ponto, isso é chamado de doença.
>
> Como todas essas enfermidades estão na mente, o importante é remover a enfermidade e harmonizar a mente.

Novamente em seu livro sobre as tradições familiares, Yagyū repete o ensinamento do mestre zen Takuan, que usou a iconografia budista para transmitir sua opinião. Citando a imagem do Monarca da Luz Fixa, tradicionalmente retratado como um guerreiro que defende o ensinamento budista, Takuan explica o significado da mente zen imperturbável em ação. Ele também usa a imagem da Pitonisa de Mil Mãos, personificação da compaixão e cujas "mil mãos" representam as aptidões práticas empregadas a serviço da humanidade e para libertar as pessoas do cativeiro da ilusão. Takuan interpreta esse símbolo em termos da flexibilidade e versatilidade da pessoa que tem uma mente livre. Em carta ao espadachim Yagyū, o mestre zen mostra como essas imagens familiares ilustram exercícios práticos e atitudes aplicáveis ao caminho do guerreiro:

> A imagem budista do Monarca da Luz Fixa representa o estado no qual a mente unificada de alguém não se move, o que significa não se alterar nem se inquietar. Não se alterar nem se inquietar significa não se fixar em nada.
>
> Perceber as coisas num relance e não fixar a mente nelas é ficar impassível. A razão é a seguinte: quando a mente se detém em algo, diversos pensamentos analíticos se instalam no seu coração movendo-se em várias direções na sua mente. Cessado isso, mesmo se a mente remanescente continua a se movimentar, você continua imóvel.
>
> Por exemplo, suponha que dez pessoas o golpeiem sucessivamente. Defendendo-se do primeiro golpe, se você não deixa que sua mente se detenha na impressão, mas receber um golpe após o outro, deixando todos para trás à medida que você prossegue, você conseguirá lidar com os dez adversários. Embora sua mente trabalhe dez vezes com dez adversários, se você não permitir que ela se detenha em alguém, cuidando de cada um a seu tempo, você não hesitará na ação.
>
> Novamente, se a sua mente se detiver diante de um adversário, você poderá defender-se do golpe dessa pessoa, mas, quando o segundo adversário o golpear, você vai se atrapalhar.
>
> Existe outra imagem budista chamada a Pitonisa de Mil Mãos. Se a mente dessa pitonisa permanecesse numa mão que segurasse determinado instrumento, as outras novecentas e noventa e nove mãos não trabalhariam. Todas as suas mãos são úteis porque ela não fixa a mente em determinado ponto.
>
> Por que a Pitonisa teria mil mãos em um só corpo? Essa é uma representação para mostrar às pessoas que, mesmo possuindo mil mãos, todas são úteis uma vez que a sabedoria fixa seja ampliada.

> Se você olhar para uma única folha de uma única árvore, você não verá as outras folhas. Se olhar para a árvore sem intenção e não fixar seus olhos numa única folha, você verá todas as inúmeras folhas. Se sua mente estiver preocupada com uma folha, você não verá as demais; se você não concentra sua atenção numa só folha, você vê centenas e milhares de folhas. Quem compreender isso será realmente a Pitonisa de Mil Mãos e de Mil Olhos.

Conta-se uma história famosa para ilustrar este conceito na prática sobre outro mestre zen de fins do século XVII, popularmente conhecido como Shōjū Rōjin, o Ancião da Percepção Correta, um mestre zen importante mas pouco conhecido do Japão pré-moderno.

Segundo seus biógrafos, Shōjū Rōjin era um dos filhos bastardos de uma família samurai. Na juventude, aos treze anos, ele havia se tornado profundamente introspectivo depois de um encontro com um velho monge zen. Muitos anos depois, ele passou por aquilo que os zenistas chamam de morte e revitalização após um acidente no qual ele perdera temporariamente a consciência. Posteriormente, ele passou anos buscando mestres budistas que pudessem confirmar a sua experiência.

Finalmente, ele encontrou o mestre zen Bunan e com ele estudou durante dezoito anos, até a morte do mestre. Contudo, não obstante essa experiência, Shōjū Rōjin afirmou não ter alcançado a continuidade na "percepção correta" até a idade de 55 anos. Devido à ênfase por ele dada à continuidade da percepção correta, a visão clara de uma mente clara, esse ancião chamou sua ermida de "Cabana da Percepção Correta" e ficou popularmente conhecido pelo mesmo nome.

Muito poucos zenistas profissionais jamais encontraram seu caminho até a porta desse ancião, hoje considerado um dos maiores mestres do Japão, herdeiro direto de uma linhagem milenar. Às vezes, contudo, alguns guerreiros costumavam consultá-lo em busca de conselhos sobre a clarificação da mente. Um dia, um desses grupos estava praticando a concentração zen, esgrimindo sob as vistas do mestre. Fizeram uma pausa e um dos guerreiros disse ao mestre zen, então um eremita: "No que se refere ao princípio, sua compreensão é superior à nossa, mas quando se trata de fatos reais, nós somos superiores ao senhor."

Aproveitando a oportunidade de dizer o que queria, o velho mestre zen desafiou os espadachins samurais a acertá-lo.

O guerreiro que havia se vangloriado das suas habilidades e das de seus companheiros ofereceu ao velho homem uma espada de madeira, mas o mestre zen recusou, afirmando que, como monge budista, não usaria nenhuma arma, nem mesmo uma imitação. Ao contrário, disse, ele usaria um leque, que tinha suportes de metal e poderia servir para sua defesa. "Tentem atingir-me", repetiu o ancião estimulando os samurais a atacarem.

Os guerreiros não podiam declinar do desafio. Tomando as espadas de exercício, atacaram o velho homem de todos os lados. Seu assombro aumentou e sua perseverança diminuiu quando o viram fazer uma exibição virtuosa da arte especial de enfrentar uma espada longa com uma adaga. Cada golpe dos guerreiros era habilmente desviado pelo leque do mestre zen, que parecia atrair a trajetória das espadas como o ferro é atraído para um ímã.

Finalmente, os guerreiros, exaustos, foram forçados a reconhecer que o velho era totalmente capaz de transformar seu conhecimento abstrato em ação concreta quando quisesse. Um deles perguntou como ele fazia aquilo. "É simples", replicou o velho mestre zen: "Quando sua percepção objetiva é clara, você não perde um em dez mil."

Segundo a compreensão do guerreiro Yagyū, existem dois níveis na prática da remoção da enfermidade na mente, a fim de alcançar a clareza que possibilitaria desempenhar tal feito correta e eficientemente em meio aos acontecimentos. Em seu livro sobre as tradições familiares, ele descreve o primeiro nível nos seguintes termos:

O primeiro nível é aquele no qual você entra no pensamento sem no entanto ter pensamentos, entra nos apegos sem no entanto ter apegos: significa que a idéia de remover a enfermidade é o pensamento. Pensar em libertar-se da enfermidade na mente é deixar-se envolver pelo pensamento.

Enfermidade significa pensamento obsessivo. Pensar em livrar-se da enfermidade também é pensamento. Portanto, você usa o pensamento para se livrar dos pensamentos. Livrar-se dos pensamentos é não ter pensamentos. Por isso falamos em entrar no pensamento sem ter pensamentos.

Quando você toma o pensamento para se livrar da enfermidade que permanece no pensamento, depois disso o pensamento da remoção e os pensamentos de ser removido tornam-se todos um nada juntos. É o que se conhece como usar uma cunha para remover uma cunha.

Quando você não consegue remover uma cunha, se introduzir outra a fim de aumentar o espaço, a primeira cunha sai. Quando essa cunha sai, a cunha colocada depois não permanece mais ali.

Quando a enfermidade desaparece, a idéia de livrar-se da enfermidade deixa de existir. Isso é o que se chama entrar no pensamento para não ter pensamentos.

Pensar em livrar-se da enfermidade é estar apegado à doença, mas, se você usar esse apego para se livrar da doença, o apego desaparecerá; a isso se chama entrar no apego para não ter apegos.

Segundo o mestre chinês clássico, Baizhang, enquanto houver a prática e a realização deliberada no Zen, o ensinamento continuará a ser incompleto. Só depois de haver transcendido as etapas da prática e da consecução é que o ensinamento completo é realizado. Wansong, mestre chinês posterior, resumiu essa questão num provérbio: "É fácil avançar a cada passo; difícil é abandonar cada estado de espírito." Seguindo o ensinamento zen, o espadachim japonês Yagyū define o grau avançado de sua arte em termos de espontaneidade e liberdade natural.

No nível avançado, libertar-se da doença significa não ter nenhum pensamento sobre libertar-se da doença. Pensar em libertar-se por si só é doença. Abandonar a doença vivendo em meio à doença é libertar-se da doença.

O pensar em se livrar da doença acontece porque a doença ainda está na mente. Portanto, a doença não desaparece por completo, e tudo o que você faz e pensa é feito com apego; assim, não pode haver um valor maior nessa atividade.

Os mestres das artes não podem ser chamados de adeptos enquanto não deixarem para trás o apego às suas várias habilidades.

O *Tao Te Ching*, clássico taoísta estudado na escola do mestre zen Takuan, afirma que "o grande adepto parece inepto". Embora externamente isso possa assemelhar-se à humildade como costuma ser entendida, na tradição esotérica isso constitui ao mesmo tempo um mecanismo de proteção e um meio de manter a mente livre de uma vaidade exagerada, o que, em termos budistas, é uma "doença" que encobre da consciência a percepção objetiva.

Um conceito comum do desapego na visão zen afirma constituir ele o objetivo da prática, sendo por si mesmo a liberação proposta pelo Budismo. Mestres clássicos negam abertamente essa asserção, ensinando que o apego propriamente dito é um caminho de percepção extra, uma oportunidade extra. A literatura zen original está repleta de críticas de praticantes profissionais que repousam no desapego para seu próprio bem-estar e que não o utilizam para a evolução construtiva.

Na obra do guerreiro Musashi torna-se evidente que o esclarecimento da mente, objetivo da prática zen elementar, torna-se uma espécie de porta para o desempenho intensificado. No seu *Livro das Cinco Esferas*, Musashi ressalta a importância do discernimento perceptivo, não apenas no caminho do guerreiro, mas em todas as posições sociais para adquirir uma compreensão objetiva dos mecanismos do senso de oportunidade e de sucesso.

> Existe ritmo em tudo, mas os ritmos da arte da guerra são especialmente difíceis de dominar sem a prática... Existem também ritmos nos altos e baixos de todas as carreiras... Diferencie cuidadosamente o ritmo da ascensão e do declínio em todas as coisas... Na batalha, o caminho para a vitória consiste em conhecer os ritmos do adversário usando você mesmo ritmos inesperados, produzindo ritmos amorfos a partir dos ritmos da sabedoria.

O necessário aspecto prático do caminho do guerreiro tendia a impedir os discípulos das artes marciais de se tornarem meros praticantes zen, mesmo não impedindo o aflorar de tendências involutivas semelhantes dentro da sua própria especialidade. A obsessão pelas artes marciais de Musashi parece ter sido fundamentalmente responsável pela relativa superficialidade da sua realização zen; ou pode ser o contrário, tomando como base algo no desenvolvimento da personalidade anterior de Musashi.

No entanto, Musashi tentou estabelecer uma base teórica e prática para completar a personalidade do guerreiro, na forma característica das escolas neoconfucionistas posteriores, sob a influência do Zen-budismo. Esse esforço pode ser percebido nas próprias atividades culturais de Musashi e, acima de tudo, na introdução do seu famoso tratado sobre estratégia e as artes marciais, no qual ele descreve um programa geral para a evolução da mente do guerreiro como um todo.

1. Pense no que é correto e verdadeiro.
2. Coloque a ciência em prática.
3. Familiarize-se com as artes.
4. Familiarize-se com os ofícios.
5. Perceba as qualidades negativas e positivas de tudo.
6. Aprenda a ver tudo com cuidado.
7. Tome consciência daquilo que não é óbvio.
8. Seja cuidadoso até mesmo nas pequenas questões.
9. Não faça nada que não tenha utilidade.

O caminho do guerreiro zen

Ao longo da Idade Média dilacerada pela luta no Japão feudal, pessoas de todas as posições sociais dedicavam-se ao aprendizado zen a fim de conhecer a essência do seu próprio caminho. Alguns mestres zen eram guerreiros; outros eram intelectuais, agricultores, artesãos, negociantes, médicos, adivinhos, andarilhos e vagabundos. Alguns podiam ser todas essas coisas ao longo de uma existência.

Quando a prolongada era dos Estados em Guerra chegou ao fim por volta do ano de 1600, um movimento começou a reunir e a sistematizar as artes e ciências dispersas daquele tempo estranhamente brilhante, conquanto turbulento. O conhecimento moderno das artes e ciências tradicionais, incluindo o Zen e o caminho do guerreiro, baseia-se amplamente nas elaborações dessas versões reorganizadas e sistematizadas do conhecimento ancestral.

Yagyū Munenori e Miyamoto Musashi foram guerreiros extraordinários que sobreviveram a um divisor de águas histórico na civilização japonesa. Eles usavam em suas obras um núcleo antigo de técnicas educativas e métodos de aprendizado para representar seu papel na adaptação da cultura a um novo clima histórico. A peculiaridade do papel específico de ambos como guerreiros residia no fato de que para eles a guerra deixara de existir, porquanto haviam restado tão-somente funções administrativas e policiais.

Nessas condições, a necessidade do perigo para usar o caminho do guerreiro como meio de auto-aperfeiçoamento podia tornar-se facilmente uma ameaça à sociedade. Para guerreiros como

Musashi essa necessidade tornou-se uma obsessão de bater-se em duelo, que eventualmente pareceu impedi-lo de realizar em plenitude o Zen. É difícil dizer se no fim o próprio Musashi sabia se havia estudado o Zen para se tornar mestre na arte da guerra ou se havia estudado a arte da guerra para se tornar mestre do Zen. Dizem que ele morreu de uma úlcera, desmesuradamente agravada pelos anos de austeridades fanáticas.

Essa luta solitária sem dúvida constituiu um fator de grande importância na formação do pensamento de Musashi e de sua obra sobre o guerreiro, com atenção particular aos detalhes estratégicos e à abordagem sistemática. Suas injunções sobre o aprendizado exemplificam essa característica, simples mas abrangente, resumindo os princípios budistas e confucionistas de aprendizado de maneira fácil de lembrar e que, como os próprios clássicos, rende mais com o tempo e a reflexão.

Uma razão para o interesse de Musashi pela educação básica era, como ele mesmo escreveu, que "particularmente nessa ciência é possível incorrer em perversões até mesmo através de uma pequena incompreensão do caminho, ou de uma confusão acerca do caminho". Yagyū também considerava o aprendizado importante, mas ao mesmo tempo ressaltava dois pontos: que sua função dentro do plano do caminho como um todo era preparatória, e que ele deve ser diferenciado do mero intelectualismo.

> O aprendizado é o portão, não a casa. Quando você avistar o portão, não pense que é a casa. Você tem de atravessar o portão para chegar à casa, que está atrás.
>
> Como o aprendizado é o portão, quando você ler livros não pense que esse é o Caminho. Esse equívoco tem feito muitas pessoas continuarem desconhecendo o Caminho, por mais que estudem e por mais palavras que conheçam.

Essa é a atitude característica do Zen para o aprendizado, o qual é avaliado pela sua função e utilidade, e não pela aparência. O ensinamento budista original aplica este e todos os tipos de aprendizado, tanto os convencionais como os sagrados. Um dos principais incentivos do ensinamento zen consiste em destronar o conhecimento intelectual de sua condição de acessório pessoal. Segundo *The Flower Ornament Scripture*, um dos textos prediletos dos mestres zen: "Assim como alguém que conta os tesouros de outrem sem ter meia moeda de seu, assim é aquele que é erudito mas não faz uso dos ensinamentos. Assim como alguém que profere todo tipo de belas palavras mas sem real virtude interior, assim são aqueles que não praticam."

No final, essa perspectiva foi transportada para outras escolas de pensamento, as quais tendiam a tornar-se mais universais e pragmáticas sob a influência do Zen, originalmente desenvolvido na China a partir de uma destilação da essência de todos os ensinamentos budistas. Incluem-se naturalmente aí os ensinamentos "externos" pertencentes a culturas anfitriãs que foram absorvidas e utilizadas pelos budistas em sua atividade missionária. Fato ilustrado pelo mestre zen japonês Takuan, que identifica diversas escolas de aprendizado em termos de um objetivo subjacente comum, em vez de distingui-las pelas diferenças culturais externas. Esse propósito, por sua vez, ele o identifica com a essência do Zen.

> Conquanto o Xintó, a arte poética e o Confucionismo sejam diferentes em seus caminhos, todos falam do esclarecimento da mente universal.
>
> Supõe-se que neste mundo existem pessoas que não conhecem a mente. Os que de fato a compreendem raramente são vistos. E ainda que alguém a conheça claramente, é difícil colocá-la em prática. Ainda que possa falar da mente universal, isso não quer dizer que você compreende a mente.
>
> Conquanto o Budismo e o Confucionismo falem ambos a respeito da mente, a mente sem a conduta pessoal implícita é algo que não se conhece com clareza — se você não praticar o ensinamento, você não a conhece de fato. Enquanto as pessoas não fazem uma investigação séria a respeito da origem da mente e passam a percebê-la, elas não compreendem, não fica claro para elas.

É importante perceber aqui que as escolas de Xintó, de arte poética e de Confucionismo às quais se refere o mestre zen Takuan como possuidoras de um tema comum, não estão em suas formas originais, mas são evoluções especiais ocorridas sob o impacto do Zen. Portanto, Takuan não está se referindo simplesmente à sua própria avaliação subjetiva desses diversos caminhos, mas também aos fatos históricos na história de sua evolução.

O Confucionismo já fora assimilado ao Zen na China quinhentos anos antes, enquanto certos tipos de Xintó e de arte poética japonesa (disciplinas já intimamente associadas, desde sua origem) foram bastante influenciados pelo Zen-budismo no Japão medieval. Durante o século XVII, no tempo de Takuan, de Yagyū e Musashi, era costume entre os mestres zen falar como se o Budismo, o Confucionismo e o Xintó fossem basicamente idênticos em espírito.

Tanto na teoria como na prática, existem naturalmente inúmeros contra-exemplos dessa generalização, mas o espadachim zen Yagyū ultrapassou seu mestre Takuan na investigação sobre o tema unitário, na correspondência trocada por ambos. Definindo a iniciação, Yagyū encontrou a unidade máxima na combinação entre essência e totalidade, e aí ele segue o ensinamento básico de *The Flower Ornament Scripture* em lugar de uma linha zen sectária como a que seria formulada no século seguinte. Como essa não é uma unidade indefinida ou indiferenciada, embora por um lado Yagyū considerasse as fronteiras entre esferas do pensamento e ação reais apenas na aparência e não na essência, por outro lado ele reconhecia as distinções gerais de universalidade *versus* hipe-respecialização ou sectarismo, e autenticidade *versus* imitação. Em seu livro sobre tradição familiar, ele escreveu:

> Aqueles que dominam um ofício ou uma arte são chamados de especialistas de seus modos particulares, mas não se deve chamar a isso de iniciação completa.

Existe também a imitação do Zen. Muitas pessoas dizem coisas semelhantes que não são realmente o caminho certo. Assim, supostos zenistas não são todos iguais.

Existem pessoas que pregam a mente vazia, mas são raras as que compreendem isso claramente.

O vazio da mente não é visível ao olhar, mas não pense que não é nada: quando esse vazio da mente se desloca, ele realiza todo tipo de coisa. A ação das mãos e dos pés, conquanto variada e habilidosa, é realizada a partir do movimento desse vazio, dessa mente.

É difícil compreender de fato essa mente lendo livros ou ouvindo palestras. Pessoas que escreveram e falaram a esse respeito desde a antigüidade apenas escreveram e falaram em termos padronizados; raras são aquelas que alcançaram o caminho mente a mente.

O estado de total desapego significa desapegar-se de todo tipo de aflição de uma vez. Aflições são aflições da mente, o que significa que, na sua mente, você transforma todas as diferentes aflições em uma só e se desapega serenamente de todo o grupo.

De modo geral, aflição significa fixação da mente. No Budismo isso é chamado de apego e é considerado extremamente indesejável. Se a mente se fixa em determinado local e aí fica, você não consegue ver o que há para ver e repentinamente sofre uma perda.

O estudioso do Zen e das artes zen, portanto, defrontava com o desafio de distinguir os níveis de praticantes: havia os adeptos completos, mestres do Zen e da arte; os especialistas, que conheciam suficientemente o Zen para dominar uma arte, ou que conheciam uma arte até o limiar do Zen; os diletantes, que procuravam imitar a aparência exterior dos especialistas para seu próprio divertimento; e os charlatães, que imitavam os especialistas para proveito próprio. De modo geral, podiam ser diferenciados pelas esferas específicas ou pela fixação da atenção que governava suas vidas, mas apenas se aqueles que tentavam avaliá-los não tinham preconceitos pessoais. Por essa razão, o interesse do Zen pelo conhecimento objetivo refletiu-se no interesse do Zen pelo próprio processo educacional.

Suzuki Shōsan, guerreiro contemporâneo transformado em zenista e que foi além de Musashi e Yagyū na obra educacional, não foi apenas um artista duelista como aqueles dois guerreiros, mas anteriormente lutara na guerra. Como muitos guerreiros vitoriosos, Shōsan havia abandonado as armas quando sobreveio a paz, e mesmo suas obras zen mais frias não exibem o fanatismo homicida nem emitem o odor de sangue que caracteriza a obra de Musashi, seu eterno rival.

A obra de Shōsan não é menos pungente do que a de Musashi, mesmo no plano das realidades mundanas; e o ex-comandante Shōsan também demonstra uma compreensão mais pura e mais articulada do Zen e de outros caminhos espirituais do que o duelista idiossincrático Musashi. Assim como muitos outros guerreiros desarmados, Shōsan também trabalhou posteriormente como curandeiro, revivendo com sucesso até mesmo um método antigo de cura espiritual. Não obstante seu idealismo altivo, o modo como tratou da educação é por conseguinte extremamente perceptivo e solidário às necessidades específicas da pessoa, como também às necessidades criadas pelas correntes gerais de comportamento e eventos.

Shōsan deflacionou o tipo de pensamento que concebia o despertar zen como uma panacéia mágica, e essa idéia da prática zen como uma espécie de treinamento aplicado *à* pessoa. Nesse aspecto ele seguiu o ensinamento zen clássico, o qual afirmava que a transformação evolutiva da pessoa tinha de vir do interior para permear a mente e o comportamento como um todo. Se a mudança interior não é efetiva, segundo os mestres ancestrais, as disciplinas exteriores podem exercer uma influência contrária sobre a personalidade e estimular qualidades perigosas, tais como a arrogância e a insensibilidade.

Um dos primeiros princípios zen de aprendizado é resumido no provérbio: "Contemplando a lua no céu, você perde a pérola em suas mãos." Um provérbio chinês também diz: "Corra e você não chegará." O primeiro mestre zen japonês Dōgen por muito tempo negligenciado como pioneiro da literatura zen nativa no Japão e uma das grandes inspirações de Suzuki Shōsan, expressou este princípio num poema:

Cave um lago
Sem esperar pela lua.
Quando o lago estiver terminado,
a lua surgirá por si só.

Shōsan seguiu muitos ensinamentos de Dōgen, e também falou do Budismo como de algo que podia ser praticado a qualquer momento sem se deixar inibir por aspirações vagas.

> As pessoas hoje consideram o Budismo inútil se você não se tornar um iluminado. Isso não está certo. Budismo significa utilizar bem a sua mente atual, de modo que ela seja de utilidade imediata. A prática budista está usando a mente de forma tão vigorosa quanto possível. À medida que sua mente vai ficando mais forte, ela gradativamente se torna mais útil.

Shōsan ressalta ainda os efeitos negativos do exagero e da impaciência nas atividades normais e espirituais. Ele observou: "Aqueles que foram para o inferno por causa do mundo podem ser salvos pelo Budismo, mas o que pode salvar os que foram para o inferno por causa do Budismo?" Portanto, ele enfatizou a importância da orientação correta na prática de uma disciplina.

> Novatos que se comprometem com uma disciplina devem cuidar que sejam verdadeiramente sinceros. As pessoas não se devem obrigar a fazer qualquer disciplina se não forem realmente verdadeiras. Se você se esforça excessivamente ou submete-se a austeridades, você se esgotará e diminuirá seu potencial, sem nenhum proveito.
>
> Quando você está psicologicamente mal, as disciplinas só fazem agravá-lo. A disciplina cuida de fortalecer o potencial, portanto é imperativo evitar a exaustão.

> Atualmente muitas pessoas esgotam seu potencial e adoecem ou enlouquecem praticando erradamente a disciplina, ou imitando a meditação zen. As pessoas devem limitar-se a desenvolver a própria vontade e a tornar-se realmente sinceras.

Esses avisos tocam num ponto diferente daquele dos divulgadores, que retratam a meditação como algo bom para todos e em qualquer momento. Não faltam exemplos contemporâneos de doenças psicológicas e físicas como as que Shōsan afirma que acometem praticantes da meditação, acentuadas ou exacerbadas pelo transplante das técnicas "espirituais" para bases inadequadas.

No Ocidente, o problema tem sido atribuído às diferenças culturais, mas o mesmo acontece no Oriente, conforme comprovam as próprias observações de Shōsan, e a insanidade também ocorre nas escolas zen japonesas nativas, em particular nas que realizam rotineiramente certas práticas sob forte pressão e sem levar em conta alertas tradicionais, como aqueles aqui mencionados por Suzuki Shōsan. Perturbações mentais de algum tipo parecem bastante comuns em histórias de monges zen japoneses dos últimos cem anos, uma época especialmente difícil para o Zen tradicionalizado como um todo. Isso também foi agravado pela fragmentação das seitas budistas, que preservam formas fixas de prática, afastadas do contexto do Budismo como um todo.

De maneira tipicamente budista, os ensinamentos de Suzuki Shōsan foram transmitidos em diferentes estilos, de modo a tratar de problemas e modos de pensar específicos das várias estações da vida em sua sociedade. Conquanto um número cada vez maior de crianças entre os agricultores, artesãos e negociantes começasse a aprender a ler e a escrever graças ao trabalho das escolas de gramática budistas locais, no tempo de Shōsan, e durante séculos posteriormente, os guerreiros foram a classe mais instruída no Japão. Portanto, suas palestras e escritos dirigidos especificamente aos guerreiros se concentram especialmente no tema da educação e do desenvolvimento do caráter. De novo tipicamente budistas nesse sentido, essas obras do mestre zen Suzuki Shōsan constituem uma mina de citações que são usadas até mesmo em seus significados mais óbvios e produzem mais à medida que a experiência e a compreensão são aprofundadas:

> Levante-se e seja responsável por si mesmo. Até mesmo as pessoas ponderadas em tudo ocultarão suas falhas secretas quando estiverem preocupadas apenas com a opinião pública e as aparências. Assim, até mesmo as pessoas muito conservadoras e convencionais terão falhas na sua mente interior. Tenha cuidado com a sua mente e assuma a responsabilidade por si mesmo.

Isso forma um contraste acentuado com a imagem da moralidade japonesa fundamentalmente direcionada para o outro. Em geral o pudor é considerado o elemento atuante que rege o comportamento social dos japoneses; mas aqui Shōsan ilustra as insuficiências do pudor em comparação com a consciência, com a qual estava originalmente relacionado na psicoterapêutica budista. O sentimento moral cristão ocidental e o sentimento moral japonês costumam ser comparados em termos de uma distinção entre culpa e pudor. Combinando pudor e consciência, em contraste, a psicologia budista tradicional inclui os sentimentos morais sociais e pessoais num *continuum* de consciência. Shōsan também mostra como a experiência pessoal interior de ser afeta diretamente a experiência interpessoal exterior. O tipo de introspecção e de autoconhecimento zen ensinado por Shōsan, por conseguinte, não constitui uma forma de auto-envolvimento capaz de distrair uma pessoa das realidades exteriores, mas sim, evidentemente, uma forma de estudar o fundamento da psicologia social ordinária e as raízes do comportamento social.

> Tenha consciência de si mesmo e conheça a si mesmo. Não importa o quanto você aprendeu e o quanto você sabe; se não conhecer a si mesmo você não conhece nada. Na verdade, se não conhece a si mesmo, você não pode conhecer nada mais.

As pessoas que não se conhecem criticam as outras segundo o ponto de vista de seus próprios eus ignorantes. Têm em boa conta todos os que com elas concordam e abominam tudo o que é diferente de seu modo de ser. Exasperam-se com tudo, acarretando sofrimento a si mesmas e aborrecendo-se tão-somente em razão de seus próprios preconceitos.

Se você sabe que nem todos concordarão com você, saiba que tampouco você concordará com todos. Os que não têm preconceitos não rejeitam as pessoas; por conseguinte, as pessoas não os rejeitam.

A filosofia e a psicologia budistas baseiam-se na relatividade lógica e empírica de sujeito e objeto. Portanto, a objetividade é tratada através da crítica analítica combinada a exercícios interiores para minimizar a influência da subjetividade, visando desenvolver a capacidade de superar tendências auto-ilusórias. De acordo com o mestre zen Dōgen, "estudar o budismo é estudar o eu. Estudar o eu é esquecer o eu. Esquecer o eu é ser iluminado por todas as coisas".

Segundo esse contexto zen, a auto-análise significa não apenas investigar o eu real, mas também conhecer as tendências subjetivas dos falsos eus. Esquecer o eu significa atravessar as barreiras da auto-ilusão por um falso eu. Ser iluminado por todas as coisas é o aprendizado direto através das experiências de vida tal como ela é, sem a mitologia dos falsos eus, que impõem seus julgamentos e preconcepções acerca do significado do ser.

Shōsan segue descrevendo a atitude de automonitoramento imparcial, conquanto intencional, utilizado na prática budista para superar limitações desnecessárias impostas à capacidade e ao funcionamento da mente por divagações incontroladas:

> O exercício evolucionário é uma questão de ser tão resoluto quanto possível. Nossos sentidos e idéias condicionados assemelham-se a bandidos capazes de furtar nossa mente original. Esses bandidos surgem da fraqueza da nossa mente. Portanto, você deve utilizar resolutamente sua energia a fim de zelar atentamente pela

sua mente. As pessoas compreendem mal a expressão zen "não-pensamento" e a utilizam para se tornarem tolos desatentos. Este é um grande equívoco. Você deve conservar uma mente resoluta.

A compreensão errônea desse "não-pensamento" à qual se refere Shōsan parece ter influenciado negativamente os movimentos zen ao longo dos séculos, desde tempos ancestrais até a atualidade. Às vezes não existe alguém como Shōsan para mostrar que isso não é o Zen, e essa aberração tem sido confundida com o verdadeiro Zen. Esse fato divide o público desinformado, que é exposto a esse movimento de forma não inteiramente útil para os que aceitam o Zen e para os que o rejeitam.

Ocasionalmente, o equívoco alcançou o ponto no qual a irracionalidade passou a ser considerada a medida do Zen, não apenas por adversários, mas até mesmo pelos seus defensores. Muitas das declarações incoerentes de modernos divulgadores, como D. T. Suzuki e C. G. Jung, afirmam a existência desse fenômeno na atualidade.

Um pouco menos bombásticos do que os irracionalistas são os quietistas, que também aparecem de tempos em tempos e que conseguiram para o Zen uma reputação de irrelevância social, na melhor das hipóteses, e de parasitismo, na pior. Shōsan estava entre os primeiros a se opor a essas imagens negativas com a afirmação e a demonstração de que a mente zen não é vazia, espiritual ou irracional, mas na verdade eminentemente prática na vida comum.

> A prática budista significa eliminar os obstáculos acarretados por acontecimentos históricos, libertando-se assim de toda a miséria. Essa mente é um tesouro que produz a paz física e mental e a felicidade para todas as classes e ocupações, quando utilizada em suas vidas.
>
> A prática budista consiste em eliminar as atitudes abomináveis e conspurcadas, tornando-se pura e desbloqueada na mente, transformando infelicidade em felicidade, mal em bem. Essa mente é um tesouro útil a todos os empreendimentos e a todas as boas obras.

A prática budista consiste em eliminar atitudes confusas e ignorantes, de modo a ir além da cobiça, do ódio e da ilusão. Essa mente é um tesouro de saúde mental que põe fim às aflições psicológicas.

Longe de ser irracional, o ensinamento zen aponta a irracionalidade de uma vida dominada por instintos e emoções. Um dos primeiros passos da prática budista consiste em avaliar o efeito produzido pelas compulsões sobre a pessoa, tornando-a interior e exteriormente vulnerável ao domínio de forças incontroláveis.

Os néscios negligenciam a vida em função dos desejos. Embora seus anseios os atormentem mental e fisicamente, nunca estão satisfeitos; no entanto, nunca desistem.

O Budismo ensina formas de transcender a compulsão e atingir a liberdade através do "esquecimento do eu", nas palavras do mestre zen Dōgen. Isso não significa que não há a consciência do eu, mas apenas que essa consciência não está contida em determinado eu. A iluminação atribuída aos budas inclui a consciência de todos os eus, inclusive os eus reais e possíveis, bem como o "eu dos eus". Naturalmente isso inclui o que costuma ser considerado o eu das outras pessoas, o que significa que a pessoa consciente dos eus dos outros também está consciente dos eus do próprio eu. Portanto, Shōsan estabelece uma diferença entre as qualidades práticas e os padrões de lembrança e esquecimento do eu.

Shōsan deixa claro que o esquecimento do eu não significa agir de modo impulsivo ou irracional, ou mesmo viver em incauta espontaneidade. Assim como ele alerta as pessoas contra a exagerada incompreensão da técnica do "não-pensamento", Shōsan tem o cuidado de equilibrar uma prática sensata de esquecimento de si mesmo com uma prática conscienciosa de consciência de si mesmo. Desse modo, a pessoa situa-se entre extremos, não se envolvendo com o eu nem dele se descuidando em demasia.

Esqueça-se, mas não se esqueça de si mesmo. As pessoas ambiciosas e gananciosas preocupam-se exclusivamente consigo mesmas, esquecendo até mesmo de seus parentes. Por outro lado, quando estão em busca do que apreciam, elas esquecem de si mesmas, perdem a consciência e assim não compreendem as implicações do que fazem, sendo indiferentes até mesmo à mais terrível das conseqüências. A atitude demasiado indigna provém daí; portanto, não se esqueça de si mesmo.

Seguindo o tradicional ensinamento zen-budista, Shōsan explica ainda que a auto-indulgência não se limita àquilo que se costuma considerar um comportamento egoísta ou imoral, mas também contamina a atividade convencionalmente considerada benéfica ou virtuosa.

> Existe a bondade contaminada e existe a bondade não-contaminada. Aquilo que é feito sem autoconsciência é chamado de bondade não-contaminada. Aquilo que é feito para o seu próprio bem, na esperança de uma recompensa, é chamado de bondade contaminada.

Os antigos mestres zen disseram de fato que a virtude egocêntrica pode ser pior até do que o vício egocêntrico. A piedade não atrai para si o opróbrio da sociedade convencional, pois está revestida de aparências aceitáveis; por conseguinte, a pessoa não-reflexiva não é pressionada de forma alguma a reexaminar sua atitude pessoal e suas interpretações subjetivas. Nessas condições, é muito mais fácil estabelecer-se em seus próprios modos, fortalecidos por um círculo de racionalizações e justificativas que se perpetua.

Por essas razões, fluidez e não-apego são considerados pré-requisitos essenciais para alcançar uma perspectiva abrangente o bastante para avaliar o propósito e o efeito de atitudes, sejam estas seculares ou sagradas, à luz objetiva do seu contexto global. Os artistas marciais pregam o desapego com o fim de dominar suas aptidões especiais, e de certa forma o guerreiro que sofreu uma derrota mortal na batalha pode nada mais ter além do desapego como último recurso, uma vitória pessoal final. Como viandante budista, Shōsan também enfrenta a realidade da morte, mas amplia o princípio da fluidez para uma arte de viver progressiva.

> Existe virtude em não se estagnar. As pessoas se estabilizam em um ou outro ponto, e o resultado é a sua inconsciência daquilo que se passou antes ou do que vem depois. Assim, falta-lhes a virtude. No seu modo de vida, bem como em sua percepção dos demais, de modo geral perdem muito em troca de pouco ganho. Contudo, elas não têm consciência disso em si mesmas. Assim, se você quer abandonar o pequeno pelo grande, observe suas fixações e desapegue-se delas.

Ainda que separado da consciência da morte obrigatória aos guerreiros profissionais, a recordação da impermanência e da inevitabilidade da morte pessoal tem sido usada por budistas de todas as posições sociais como um dos métodos mais acessíveis e eficientes para libertar a mente do apego compulsivo às coisas. Esse é um dos exercícios básicos da prática budista elementar, encontrado no amplo espectro das escolas e escrituras budistas.

Os primeiros pesquisadores ocidentais que se dedicaram a esse tipo específico de prática e a trataram em separado da tradição maior do Budismo unitário naturalmente ficaram chocados com essa consciência da morte, e em conseqüência retrataram o Budismo como uma religião pessimista. Longe de ser mórbido, como declararam os exaltados críticos ocidentais, esse aspecto do Budismo na verdade possibilita aos praticantes apreciar mais plenamente a vida, ser mais livres e mais eficientes no que quer que façam. E ensina-os também a encarar com serenidade e destemor a morte e a doença.

Em todo caso, essa é apenas parte de um ensinamento muito maior, e a ênfase que tem sido dada à morte por soldados profissionais ao longo de séculos de guerras no Japão medieval não deve ser considerada a medida da consciência budista. Existe algo de muito positivo na consciência imediata da evanescência, algo que não está presente no severo estoicismo do guerreiro em campanha nem no lamento melancólico do poeta num jardim. Shōsan explica como a tendência para esquecer ou ignorar a transitoriedade afeta todo o estado de espírito e a conduta na vida.

> Quando as pessoas se esquecem de que vão morrer e agem como se pensassem em viver para sempre, elas não usufruem plenamente nem utilizam os meses e anos que passam. Enquanto são assim, agem apenas por ganância, raiva e falsidade, afastando-se dos deveres sociais e familiares, sem compreender a bondade e responsabilidade humanas, lançando mão da adulação e da bajulação, descuidando-se do lar e do trabalho por passatempos e entretenimentos fúteis.

O Zen de Shōsan está enraizado nos aspectos práticos da vida mundana. Ele não tinha tempo para a "espiritualidade" inconsistente e distanciada das necessidades da existência cotidiana. Até mesmo os fenômenos extraordinários do intelecto e dos poderes psíquicos foram levados por Shōsan a servir às necessidades comuns, tais como a educação e a cura. Sua amalgamação intelectual e prática dos ensinamentos sociais e budistas é resumida no ensaio "Sobre o Cotidiano dos Guerreiros", que não se destina apenas aos samurais profissionais, mas pretende ser um modelo para pessoas responsáveis de todas as condições sociais.

> Um samurai perguntou: "Dizem que os princípios budistas e os princípios sociais são como as duas rodas de um carro. Entretanto, mesmo se não existir o Budismo, isso não implica nenhuma deficiência no mundo. Por que os dois grupos de princípios são comparados às rodas gêmeas de um carro?"
>
> Shōsan respondeu: "Os princípios budistas e os princípios sociais não são duas coisas separadas. Segundo um dito budista, 'Se você puder ingressar no mundo vitoriosamente, você estará inteiramente além do mundo'."

Afirmar que a capacidade de ingressar no mundo vitoriosamente significa a capacidade de transcender o mundo significa que a eficiência reduz a confusão, libertando assim a energia mental de preocupações com questões pendentes. Em contraste com isso, tentativas prematuras de ir "além do mundo" unicamente através de supostos exercícios "espirituais" podem resultar em tratamento precário das questões diárias e de longo prazo, o que por sua vez aumenta as ansiedades habituais. Isso a seu turno tem como efeito impedir a liberdade mental, cerrando a extremidade aberta da vida e, assim, acrescentando ansiedade espiritual às inquietações preexistentes com as coisas do mundo. Como resultado, nenhum lado da vida humana, seja o mundano seja o espiritual, recebe a devida atenção, pois a que deve ser dada a um lado é dada ao outro e vice-versa.

Parte do problema relacionado com imagens de irracionalidade no Zen provém da definição de racionalidade com a qual começa o intérprete. Se a moderna aliança de guerra e ciência é considerada racional, ou produto do pensamento racional, não seria de admirar que alguém do Japão moderno, como D. T. Suzuki, desejasse atirar uma chave inglesa nessa máquina e, no mínimo, tentasse diminuir-lhe a velocidade procurando obter irracionalidade para seus intelectuais e escrevendo profusamente sobre as histórias zen bem selecionadas pelo seu caráter enigmático, na aparência.

Até mesmo um estudioso e psicólogo do porte de C. G. Jung admite sua incapacidade de perceber os significados simbólicos das histórias zen relatadas por D. T. Suzuki em livro cuja introdução foi escrita pelo próprio Jung, em 1939. Essa imagem de inescrutabilidade iria tornar-se uma das marcas registradas da imagem popular do Zen no Ocidente. Pouco se suspeitou que talvez essa não fosse uma imagem completamente verídica. Ainda menos considerada foi a possibilidade de esse mistério ser de natureza estratégica, e não de natureza essencial.

Agora que essas dimensões de comportamento se tornaram presentes nas esferas das atividades comercial e política, e como o Zen também ficou comercializado e politizado, desenvolveu-se um interesse mais acadêmico pelos aspectos correspondentes no

Zen. Conquanto muitas sejam as discussões e esquemas, nada como um estudo realmente abrangente do tema está disponível.

Provavelmente, o que a pessoa comum em busca de informação pode encontrar são livros representando ensinamentos, seitas ou escolas específicos; livros sobre as experiências pessoais dos que praticam algum tipo de exercício zen, ou volumes acadêmicos sobre alguma relíquia do passado. Na verdade, muitos tratados sobre o Zen contêm elementos irracionais, baseados em grande medida nos apegos pessoais àquilo que os próprios zen-budistas chamam de "pistas".

Em contraste com zenistas irracionais ou superficiais — imaginados através de versões comercializadas ou de propaganda do ensinamento, e que, considerando-se sua referência na literatura zen, obviamente não são os únicos e têm de existir em todos os lugares e épocas lado a lado com a verdade — Shōsan ensina o Budismo de uma forma que mostra bem claramente o seu fundamento de raciocínio, a começar com a premissa de que "tanto os princípios budistas como os sociais nada mais são do que a aplicação da verdadeira honestidade, tornando acurado o raciocínio e justa a ação".

Essa formulação constitui o exemplo típico de uma reflexão concreta do princípio de "não-dualidade" conforme é compreendido na filosofia budista. Shōsan pode afirmar sinceramente que as virtudes sociais e as virtudes budistas são uma coisa só, embora ainda possa estabelecer diferenças acerca de como as mesmas virtudes são compreendidas e praticadas em diferentes planos de consciência.

> Existem planos diferentes de profundidade na honestidade. A honestidade no contexto social significa não torcer a razão, sendo consciencioso e justo, conferindo a todas as relações sociais a devida atenção, harmonizando-se com os demais e sendo altruísta e imparcial. Esse é um caminho para se passar de uma dimensão relativamente superficial para uma dimensão mais profunda.

É idéia corrente no Budismo de que a ética social serve de preparação para o desenvolvimento psicológico superior, favorecido pelas práticas espirituais. Isso não diminui a dignidade nem a importância da ética social, mas a situa em contexto mais amplo do que o dogmatismo religioso. Uma das grandes vantagens da visão mais ampla do Budismo reside no fato de este reduzir a tendência humana a uma estagnação moral, através da hipocrisia ou do cinismo. Shōsan exemplifica isso quando descreve o significado maior da honestidade em termos metafísicos tipicamente budistas.

> No contexto do Budismo, honestidade é compreender que todas as coisas fabricadas são, em última análise, ilusões irreais, e assim usar o corpo espiritual original em si mesmo, no seu estado espontâneo e natural.

Aqui a dificuldade do Zen para a mente prosaica torna-se evidente. A perspectiva de conseguir utilizar um "corpo espiritual em si mesmo" pode atrair o interesse comum com proveito de qualquer tipo; mas continua a existir uma resistência socialmente arraigada à idéia de que experiências e instituições estruturadas de modo convencional são, em última análise, irreais. Para a concepção ordinária, essa noção pareceria destrutiva, mas Shōsan ilustra como ela funciona no contexto global do Budismo, como uma Porta para a libertação do potencial criativo.

Em termos budistas, a irrealidade última das coisas mundanas não quer dizer que elas sejam banais ou desprezíveis, mas sim que são maleáveis, o que significa que são manipuláveis. A percepção do vazio, portanto, não significa retirar-se do mundo, mas sim a capacidade de mudar o potencial de evolução. Shōsan segue descrevendo o tipo de mudança e progresso ao qual o Zen-budismo aspira quando cura as "doenças mentais" que mantêm a humanidade mergulhada em atitudes animalescas. Aqui a relação íntima entre a libertação individual e a libertação coletiva torna-se evidente.

> Pessoas comuns são mortalmente doentes; budas são mestres em medicina. Pessoas comuns devem primeiro livrar-se de suas doenças. Na mente flutuante e não-iluminada, existem as doenças da ilusão e da confusão, existem as doenças da ganância e da percepção errônea; existem as doenças da covardia e da injustiça. Tendo como base a mente repleta dos venenos da cobiça, da ira e da ilusão, esses venenos produzem 84 mil doenças mentais. A libertação dessa mente é chamada de Budismo. Isso é diferente do princípio da sociedade?

O ensinamento budista sobre a irrealidade objetiva ou o vazio dos fenômenos condicionados foi escolhido caracteristicamente como alvo principal da invectiva antibudista, tanto no Oriente como no Ocidente, por aqueles que compreenderam erroneamente a doutrina como uma forma de niilismo ou de quietismo. Embora seja verdade que alguns zenistas neuróticos com tendências escapistas tenham se sentido fortemente atraídos por uma visão niilista do vazio, a tradição budista ortodoxa sempre repudiou esses exageros como perversões. Segundo Nāgārjuna, antepassado espiritual do Zen na Índia e um dos maiores escritores sobre a metafísica do vazio, "os iluminados dizem que o vazio é o afastamento de todas as concepções, mas também afirmam que aqueles que fazem do vazio uma concepção não podem ser salvos".

Shōsan deixa claro que a realização do vazio não é o propósito do Zen, mas o meio através do qual é possível eliminar concepções tendenciosas e complexos psicológicos indesejáveis, originários de ilusões acerca da natureza da realidade. Ele compara a liberdade obtida através da utilização prática do vazio e o cativeiro que resulta da fixação nas aparências.

> Conhecendo o princípio do vazio original, aqueles que dominaram o Caminho usam a razão e a justiça como uma forja para temperar a mente diariamente, livrando-se das impurezas a fim de transformá-la numa mente-espada pura, límpida, sem opostos, a qual penetra o pensamento-raiz de cobiça egoísta e conquista todos os pen-

samentos, de modo que os caminhantes cavalguem acima de tudo, desimpedidos de tudo, sem começo nem fim.

Entretanto, as pessoas comuns tomam ilusões como realidades, criando atitudes tendenciosas pela fixação em aparências e, assim, produzindo idéias de cobiça, ira e incompreensão. Produzindo todo tipo de angústia psicológica e perdendo a mente original, descobrem que a mente está distraída e desconcentrada, entregando-se a todos os pensamentos que surgem. Como resultado, sofrem de problemas mentais que lhes causam danos. Não têm vivacidade psicológica; são melancólicas e deprimidas; vivem sem rumo e sem autocompreensão, fixando a atenção nas coisas. A isso se chama a mentalidade do homem comum.

A distinção feita no Zen entre pessoas comuns e pessoas iluminadas não se baseia em realizações formais, mas no nível da mente no qual se estabelecem suas vidas. Shōsan descreve a mentalidade da pessoa comum como cronicamente superficial, fixada nas aparências e apegada às coisas. Esse fato é considerado uma perda ou alienação da autonomia da "mente original", que o ensinamento zen identifica com a "natureza de buda".

O objetivo primordial do Zen é recuperar a experiência da mente original através de si mesmo. A partir desse ponto de vista é possível que se dê um fim à ilusão do apego às superficialidades. Shōsan explica as qualidades práticas da mente original como são vivenciadas no Zen, enfatizando a liberdade e segurança psicológicas alcançadas graças à sua pungente introvisão e autonomia.

Deveríamos conhecer nomes diferentes para a mente original. Ela é chamada de substância verdadeira indestrutível, ou corpo espiritual estável. Essa mente não se deixa envolver pelas coisas; não é medrosa nem assustada; não se preocupa nem se retira. Imperturbável e imutável, ela se torna a mestra de tudo. Os que aí penetraram e podem de fato usá-la são chamados de pessoas vigorosas e grandes, pessoas de coração e entranhas de aço, ou pessoas que alcançaram o Caminho. Pessoas assim, desimpedidas de todo o pensamento, podem utilizar livremente todas as coisas, acontecimentos e situações.

Devido à persistente tendência da mentalidade superficial a agarrar-se a aspectos exteriores, a disciplina necessária para liberar a energia mental dos obstáculos não pode ser realmente imposta à pessoa a partir de fora, mas precisa vir de dentro. Na ausência de força interior correspondente, a disciplina exterior em si torna-se um apego, um acessório do ego, levando ao tipo de cultismo e religiosidade sentimental tão freqüentemente encontrado nos autoproclamados círculos espirituais. A própria formação de Shōsan não levava em consideração a disciplina fictícia; por conseguinte, ele foi inflexível ao insistir na necessidade de resistência interior e de força de vontade independente.

> Assim, as pessoas que praticam o caminho dos budas precisam, em primeiro lugar, de coragem e intensidade de propósito, caso contrário será difícil serem bem-sucedidas. É impossível adentrar o caminho dos budas com um coração tímido. Se você não se proteger seguramente e não se aperfeiçoar muito, sofrerá de todo tipo de angústia mental.
>
> Os que usam um coração firme e uma mente estável para superar todas as coisas são chamados de pessoas do Caminho. Aqueles cujos pensamentos se apegam às aparências e que por isso sofrem muito, à mercê dos acontecimentos, são chamados de pessoas comuns.

A atitude de Shōsan afigurar-se-ia característica de um guerreiro; de fato, ele levou sua experiência no treinamento e no combate militar para as questões da psicologia zen, lidando com problemas gerais da vida e da morte. Contudo, teve o cuidado de distinguir entre a "coragem" exigida pela mente zen independente e a "coragem" dos guerreiros, associada à força e à violência.

> Assim, as pessoas que atiçam sede de sangue com a mente angustiada podem, em determinado momento, ter força suficiente para

derrubar muros de ferro, mas existe um momento, inevitavelmente, em que essa ânsia de sangue chega à exaustão e o estado de espírito muda. Um coração firme, pelo contrário, é impassível e não muda. Se os guerreiros o cultivam, por que não podemos cultivar esse coração firme?

Se eles têm a mente angustiada, até mesmo as pessoas de grande coragem nas artes marciais perceberão que, ao defrontarem com o fim de suas vidas e quando o fantasma assassino da impermanência os perseguir, seu habitual vigor chegará ao fim, sua ferocidade audaz desaparecerá e eles serão incapazes de reunir qualquer tipo de força.

A distinção entre a ferocidade animal do guerreiro armado exterminando adversários e a ferocidade espiritual do guerreiro zen indo além das ilusões nem sempre foi lembrada e observada pelos zenistas que seguem as práticas das escolas influenciadas pela vida dos samurais japoneses ou orientadas para ela. Até hoje podem-se ouvir e ler histórias aparentemente intermináveis de violência física e mental em certos mosteiros rinzai-zen, como se esse tipo de fúria fosse uma medida da qualidade de sua disciplina.

Freqüentemente, esse tipo de machismo samurai está ligado ao mesmo mecanismo superficial de presunção que ilude a mentalidade comum. Como resultado, o ego não é transcendido, mas exaltado e endurecido pela disciplina para a qual é treinado. Portanto, Shōsan deixou claro que o cultivo da fibra moral no sentido budista concentra-se em desfazer as ilusões criadas pela presunção.

A origem do sofrimento é o pensamento, "Eu, eu." Saber disso é raciocinar. Agindo de acordo com o conhecimento dessa razão e com a mente da verdadeira coragem, apenas a justiça pode extirpar esse pensamento.

Pessoas sem a capacidade de raciocinar não entendem a fonte do sofrimento e da felicidade; pessoas sem justiça não podem romper o laço de vida e morte. Isso exige muita atenção.

Assim como na sua interpretação de "honestidade", aqui novamente Shōsan utiliza a compreensão budista de "razão" e de "justiça" mais profunda do que as definições confucionistas comuns desses termos. Na época de Shōsan, uma forma acadêmica de Neoconfucionismo foi adotada oficialmente como ortodoxia de Estado, mas essa doutrina sofria tipicamente de uma tendência a recair em intelectualismos estéreis, sem meios práticos de autorizar seus princípios. Portanto, a maioria dos estudiosos confucionistas sem ambições políticas inclinava-se mais para as versões não-ortodoxas de Neoconfucionismo, que continham mais dos elementos pragmáticos do Budismo.

Recorrendo aos ensinamentos zen e neoconfucionistas, Shōsan conclui seu ensaio sobre o cotidiano dos guerreiros com uma análise sobre os meios de desenvolver a força de caráter por ele considerada tão importante tanto para a vida social como para a espiritual. Shōsan contrasta as atitudes ou estados de espírito daquilo que chama de mente esperançosa, que se eleva acima das condições mundanas, com estados mentais depressivos, que são superados por condições mundanas.

> Na mente do homem comum existem estados de espírito esperançosos quando ele supera coisas, e existem estados de espírito depressivos quando ele é dominado pelas coisas. O uso dos estados esperançosos é um caminho para o mundo da iluminação; o uso dos estados depressivos é um caminho para a prisão. Para concentrar a energia do desejo de libertação, deve-se manter um estado de espírito esperançoso dia e noite.
>
> Eis os estados de espírito esperançosos que superam as coisas por meio de uma mente corajosa: consciência da vida e da morte; gratidão pelas bênçãos; o caráter indomável do progresso; percepção da causalidade; discernimento intuitivo da irrealidade e da impermanência, respeito pelo valor do tempo; vigilância sobre si mesmo; espontaneidade; autocrítica; respeito; justiça humanitária; atenção às palavras dos iluminados; bondade, compaixão, integridade e honestidade; reflexão sobre o que é mais importante.
>
> Esses estados mentais provêm de uma mente corajosa e firme e, portanto, abandonam todo tipo de apego e elevam-se acima das coi-

sas. Assim, mantendo um estado de espírito esperançoso, você sofrerá bem pouco, mesmo se se encontrar repentinamente com a própria morte.

Quando essa atitude corajosa é contínua, a cidadela do coração está protegida, com o poder virtuoso livre e independente. Ainda que surja toda espécie de confusão, ela não pode enfrentar esse coração firme; perderá sua força e desaparecerá quando sua energia se for. Os guerreiros não devem ter um coração firme?

Se você é irresoluto e seus pensamentos estão fixos nas aparências, as confusões adquirem poder sobre você com força crescente, invadindo sua natureza, confundindo sua mente e fazendo-o perder o controle de si mesmo.

Existem também estados de espírito depressivos que são superados pelas coisas: negligência; incivilidade; indiferença às conseqüências; desconsideração pelos fatos da impermanência e da irrealidade; desejo de fama e fortuna; luxo; dúvida e desconfiança; timidez; avareza e ganância implacáveis; ciúme e inveja; ingratidão; subserviência; indiferença à vida e à morte.

Em contraste com a explicação detalhada de Suzuki Shōsan sobre o Zen no caminho do guerreiro, todas as instruções do mestre zen Takuan para o artista marcial Yagyū Munenori baseiam-se no princípio central da fluidez. É também possível interpretar muitos ditos de Suzuki como elaborações desse princípio na prática, e até mesmo os escritos firmemente centrados de Takuan retiram muita sabedoria prática dessa simples premissa. A beleza característica das obras de Takuan está no insistente retorno ao fundamental, uma das marcas do Zen.

A primeira carta de Takuan a Yagyū registrada na coleção intitulada *Writings on the Wonders of Immovable Knowledge* chama-se "A Angústia do Apego inconsciente". Aqui ele introduz o tema da percepção zen no contexto do duelo, simbolizando o confronto, a disputa e o conflito humano.

Relativamente à arte da guerra, quando você vê a espada do adversário atacando-o bruscamente, se pensar em desviar o golpe nesse momento sua mente se fixará na espada. Então sua reação vacilará e você será abatido pelo adversário. A isso se chama fixação, ou retardamento.

Se você não fixar a mente na espada em movimento, mesmo quando a vê, não tem nenhum pensamento em mente e enfrenta diretamente a espada que se aproxima tão logo a avista, sem fixar a mente, você pode desviar a espada que iria aniquilá-lo e transformá-la na arma que vai matar o seu adversário.

No Zen chama-se a isso tomar a ponta da lança e virá-la para golpear o outro. É o mesmo que afastar a espada do adversário para exterminá-lo com aquilo que você chama de "não-espada".

Não importa se quem ataca primeiro é o adversário ou você; se você fixar a mente realmente na pessoa, ou na espada, na distância ou no momento oportuno para agir, suas ações serão vacilantes. Como resultado, você pode ser morto.

Embora a sua mente esteja ligada ao seu adversário quando você se coloca na posição de antagonista, nem por isso você deve manter a mente em si mesmo.

Controlar a mente para mantê-la no seu corpo constitui uma prática para principiantes apenas.

Se você colocar a mente na espada, ela se fixa na espada. Se colocar a mente no momento oportuno para agir, se fixa nesse momento oportuno. Se colocar a mente na sua própria espada, ela se fixa na sua espada. De todo modo, sua mente se atarda e sua ação é vacilante.

Conquanto essa carta tenha sido escrita para um artista marcial, usando, por conseguinte, a linguagem apropriada, no estilo zen costumeiro, isso naturalmente vai além, analogicamente, do seu contexto mais imediato. Segundo a compreensão budista, a natureza da realidade ordinária é interativa, não estática; assim, a imagem do duelo simboliza a relação dinâmica da pessoa com a situação em constante mudança proporcionada pelo ambiente, especialmente pelas condições e o meio da ocupação profissional. A manobra da "não-espada", na qual um guerreiro desarmado faz uso da arma do adversário para arrebatar a vitória das mãos da derrota, simboliza a habilidade máxima do adepto zen independente; é também uma boa metáfora para o processo de modernização do Japão ao longo do último século.

Em seus ensaios mais curtos, "Sem Lacunas" e "Mente Semelhante a uma Centelha", Takuan usa termos zen para explicar o caminho da fluidez na ação. Ele explica a reação espontânea em função da imediação, mas não a identifica com a velocidade. Não é a rapidez da ação, mas a imediação da atenção que torna isso possível, escreve o mestre zen, enfatizando a liberdade da mente.

> Quando você bate palmas, produz-se imediatamente um som, sem nenhum intervalo. O som não é ouvido deliberadamente um pouco depois da palma; ele se faz ouvir tão logo você bate palmas.
>
> Se a sua mente se detém na espada que o adversário está brandindo na sua direção, abre-se uma lacuna, e nessa lacuna sua ação é vacilante.
>
> Se não há lacuna entre a espada em ação do seu adversário e a sua ação, a espada do adversário vai se tornar a sua espada.
>
> A mente semelhante a uma centelha significa o estado de espírito no qual há lacuna. O golpe numa pederneira produz centelhas imediatamente. Isso também significa que não existe intervalo no qual a mente pare e se deixe ficar.
>
> É um erro entender esse fato apenas em termos de velocidade. Isso significa que você não pode permitir que sua mente se demore nas coisas, que você não pode fixar a mente em nada, nem mesmo na velocidade.
>
> Se a atenção se deixa atrair por alguma coisa, sua mente é dominada por outrem. Se você age com rapidez contando com a velocidade, sua mente também é dominada por essa atitude.

Durante séculos tem havido uma tendência bastante marcada nos círculos zen para identificar velocidade com espontaneidade, graças ao uso da primeira como uma imitação ou substituta para a última. É a essa ilusão que o mestre zen Takuan alude aqui. A mesma idéia ainda prevalece nas escolas zen, nas quais o diálogo ritual é altamente valorizado. Ela também foi promovida no Ocidente pelo popular autor D. T. Suzuki, o qual freqüentemente dava a impressão de que o Zen depende da rapidez intelectual, a ponto de bastar qualquer tipo de declaração ou ação absurda, contanto que seja tão rápida que pareça espontânea.

Como resultado dessa tendência, torna-se confusa a diferença entre reações automáticas (tais como dizer ou fazer o que quer que venha à mente no momento) e a resposta desperta e precisa da consciência fluida, conforme originalmente desenvolvida no Zen autêntico. A convicção manifesta de D. T. Suzuki, qual seja, a de que a iluminação zen é irracional, também ajudou a proteger esse tipo de percepção errônea da análise crítica no contexto do próprio Zen conforme tornou-se conhecida através de suas obras no Ocidente.

O mestre zen Takuan, em contrapartida, mostra que a própria idéia de velocidade como espontaneidade torna-se um ponto de fixação, o que confirma amplamente a literatura ocidental sobre o Zen seguida pelas doutrinas de D. T. Suzuki. A fascinação pela réplica perspicaz já havia sido repudiada pelo grande mestre zen chinês Dahui cinco séculos antes de Takuan, mas as escolas zen japonesas orientadas para os samurais parecem ter restaurado o culto da velocidade, devido a sua própria preocupação com a prática das artes marciais.

Entretanto, a espontaneidade genuína, proveniente da imediação da consciência aberta e centrada (em vez do reflexo condicionado), é valorizada não apenas pelos guerreiros zen, mas por todos os que procuram aplicar a consciência zen às situações reais da vida. No seu ensaio "Onde Fixar a Mente", Takuan passa a enumerar os pontos nos quais a mente do guerreiro está inconscientemente treinada a parar e a deixar-se ficar. Finalmente, ele mostra como a mente zen transcende essas fixações, mesmo as mais abstratas. Inclui-se aí uma fixação comum entre os zenistas, a concentração numa técnica ióguica que os guerreiros e praticantes perseguiam extensamente.

Onde fixar a mente?

Se você fixa a sua mente nas ações de um adversário, sua mente é tomada pelas ações do adversário.

Se você fixa a mente na espada de um adversário, sua mente é tomada pela espada do adversário.

Se você fixa a mente na idéia de aniquilar um adversário, sua mente é tomada pela idéia de aniquilar o adversário.

Se você fixa a mente na sua própria espada, sua mente é tomada pela sua própria espada.

Se você fixa a mente na determinação de não ser morto, sua mente é tomada pela determinação de não ser morto.

Se você fixa a mente na posição das pessoas, sua mente é tomada pela posição das pessoas.

A questão é: não existe realmente um ponto onde fixar a mente.

Algumas pessoas dizem: "Se fizermos a mente ir a alguma parte, ela se fixará onde ela for, colocando-nos em desvantagem diante dos adversários. Assim, coloque a mente em suas entranhas e mantenha-a aí, adaptando-se ao mesmo tempo àquilo que os adversários fizerem."

É claro que poderia ser assim; mas, do ponto de vista de um estágio avançado do Budismo, manter a mente na região inferior do abdômen é um estágio inferior. É o estágio da prática, o estágio da recordação da seriedade, o estágio citado como "a busca da mente livre". Não é o estágio transcendental superior, é o estado de espírito da seriedade.

Se você forçar a mente a se situar em suas entranhas, abaixo do umbigo, e mantê-la aí, ela será tomada pela decisão de mantê-la ali; portanto, sua ação para diante será deficiente e você deixará de ser livre.

A prática, agora popular, de concentrar a atenção na região inferior do abdômen (*hara*) ao que parece foi introduzida no Japão por volta do ano 800. Era parte da doutrina de meditação da escola de budismo Tendai, estabelecida no Japão nessa época. No contexto do budismo Tendai, esse exercício é apresentado como uma antiga técnica de cura. Sua eficiência imediata no desenvolvimento do poder da estabilidade mental (*jōriki*), contudo, parece ter sido a principal fonte de atração para os artistas marciais. Embora hoje seja bastante associada ao Zen-budismo (que na sua origem estava intimamente relacionado com a escola Tendai) como forma de cultivar a concentração (*zenjō*), é difícil se ouvir falar a respeito nas instruções de meditação dos mestres zen japoneses clássicos.

A prática da concentração no *hara* foi atribuída à doutrina taoísta de saúde por um ressuscitador do Zen japonês do século XVIII. Ele a utilizou para curar certos problemas físicos e nervosos agudos dos quais sofria como resultado da reflexão demasiado intensa acerca dos *koans* zen; contudo, entre os discípulos de sua escola, ao que parece este se tornou um método geral de concentração. Os praticantes dessa forma de Zen dirão que trabalham os *koans*, ou histórias zen, em suas entranhas. Ao longo do último século e meio, essa escola de Zen ganhou profunda influência entre as classes superiores no Japão, e a técnica de concentração no abdômen enganosamente fácil foi de pronto passada para as versões ocidentais do Zen, praticamente sem nenhum questionamento.

É provável, entretanto, que tenha sido através do Bushidō, e não do Zen puro, que essa prática se difundiu entre as pessoas comuns do Japão, a ponto de expressões como *Hara ga dekite iru* ("As entranhas estão realizadas") e *Hara ga suwatte iru* ("As entranhas estão estabelecidas") serem usadas coloquialmente, referindo-se a uma personalidade calma, contida e imperturbável. Pode ser uma imagem da maturidade em geral, mas também pode referir-se à serenidade e à sobriedade diante de um desafio de vida ou de morte extraordinário. Em qualquer dos casos, o modo de utilizá-la é bastante típico do Bushidō ao longo dos últimos dois séculos.

Segundo o *Tao Te Ching*, "um caminho que pode ser sistematizado não é um caminho permanente". Nesse exercício de meditação nas entranhas, o Zen adotou apenas uma pequena parte da tradição mais completa do Taoísmo. Mais tarde os zenistas e discípulos do Bushidō no Japão pareceram inclinados a transformá-lo numa postura mente-corpo permanente. Alguns taoístas chineses fazem o mesmo, mas, ao contrário da moderna literatura zen japonesa, as obras taoístas chinesas estão cheias de avisos contra os perigos dessa prática, especialmente para as mulheres.

A maior parte dessas advertências baseia-se no perigo de fazer as coisas em excesso. O ressuscitador pré-moderno da escola rinzai de Zen, culturalmente dominante, usou técnicas taoístas para curar alguns sintomas muito sérios, reconhecidamente causados pelo excesso de meditação nos *koans* zen. Os taoístas também afirmam que as suas próprias práticas tradicionais são prejudiciais quando em excesso. No entanto, desde a época do reavivamento do rinzai, existem zenistas que exageram tanto na meditação *koan* quanto na atenção no abdômen.

Isso não apenas é irracional, em termos budistas e taoístas, como também torna irracional aquele que o pratica por um longo tempo. A imagem de D. T. Suzuki do Zen ilógico pode não ter sido tão-só sua própria compreensão dos clássicos, ou sua experiência na arte da supremacia, mas também uma convicção genuína, baseada em observações e experiências pessoais de um sistema de meditação altamente intrincado no início do Japão moderno.

Um dos perigos de concentrar a atenção na região inferior do abdômen, segundo fontes taoístas clássicas e modernas, está em que essa prática produz facilmente resultados na esfera da tranqüilidade e concentração, mas não pode conduzir à iluminação superior. O fascínio desse bem-estar e desse alívio parece ser a principal razão da fixação nesse ponto nos cultos zen e taoísta.

Concentração sem sabedoria é uma das endemias do Zen japonês, particularmente as formas de Zen sob a influência do Confucionismo e do Bushidō. Takuan é um dos raros mestres zen japoneses a apontar o potencial negativo dessa postura corpo-mente simplista. Referindo-se à concentração no *hara* como prática elementar que não deveria ser mantida permanentemente, Takuan afirmou que a postura zen mais avançada de não-hesitação não apenas liberta a mente como também o corpo.

> Se você não colocar a mente em alguma parte, ela permeará todo o seu corpo plenamente, difundindo-se por todo o seu ser, de modo que, quando precisar das mãos, ela colocará suas mãos em ação; quando precisar dos pés, ela colocará seus pés em ação; quando precisar dos olhos, ela colocará seus olhos em ação. Como a mente está presente sempre que dela precisar, ela torna possíveis as funções de que você necessita. Se você fixar a mente em um ponto, ela será tomada por esse ponto e por isso funcionará deficientemente.
>
> Se você refletir, será tomado pela reflexão; por isso, você deve manter a mente em todo o corpo, sem deixar nenhuma reflexão ou julgamento aí, e satisfazer a função de cada lugar corretamente, sem parar nem se deixar ficar em parte alguma.
>
> Se colocar a mente num ponto, você terá de se inclinar. Inclinar-se é tornar-se unilateral; ficar ereto é estar em toda parte. A mente ereta, ou mente correta, significa a mente que se estende por todo o corpo, sem se deter em uma área ou direção.
>
> Quando a mente é detida num ponto, tornando-se como resultado deficiente num outro lugar, chamamos a isso de mente deformada. É a deformação que nós desdenhamos. A fixação nas coisas é chamada de deformação e é desprezada no Caminho Zen.
>
> Se você não pensar sobre onde colocá-la, a mente permeará todo o seu ser. Colocando a mente em parte alguma, use a sua atenção para cada situação à medida que estas forem acontecendo, de acordo com o que fizerem os adversários.

Takuan desenvolve mais o tema da liberdade e do cativeiro mentais segundo as idéias tradicionais da psicologia zen prática. A mente livre e fluida que ele procura comunicar ao guerreiro agora é descrita como a *mente básica* ou *não-presente*. A mente fixada — que ele aconselha o guerreiro a abandonar — é agora chamada de *mente errante* ou *mente pensante*. O mestre zen Takuan retoma sua discussão anterior a respeito da liberdade física proveniente da liberdade mental para explicar detalhes práticos específicos:

> A mente básica é aquela que não permanece num local, mas permeia todo o corpo e todo o ser. A mente errante é a que se fixa em um ponto, ruminando alguma coisa.
>
> Quando a mente básica congela e se concentra num ponto, ela se torna a mente errante. Quando a mente básica é perdida, suas inúmeras funções tornam-se deficientes. Assim, a idéia fundamental é procurar não perdê-la.
>
> A mente básica é como a água, que não permanece em parte alguma; a mente errante é como o gelo, com o qual você não pode lavar as mãos nem a cabeça.
>
> Se você derreter o gelo e transformá-lo em água, de modo que possa fluir por toda parte, você conseguirá lavar as mãos e os pés.
>
> Se a sua mente se fixar num ponto e permanecer ligada a uma coisa, ela congelará. Como resultado, não poderá ser usada livremente, assim como o gelo não pode ser usado para o banho.
>
> Se você derreter a mente e a usar como uma corrente de água em todo o corpo, você a enviará aonde quiser e a utilizará como quiser. Essa é a chamada mente básica.

Não é exagero afirmar que a recuperação da mente básica é de importância fundamental no Zen. O equilíbrio natural da mente básica também era buscado por guerreiros como um centro de equilíbrio, do qual a ação espontânea podia emergir sem a inibição causada pelo acanhamento. No seu livro sobre as artes marciais, o guerreiro Yagyū Munenori também inclui uma discussão sobre a mente básica e a mente errante, seguindo esse ensinamento do mestre zen Takuan por caminhos mais concretos:

A mente falsa é paixão e egoísmo. Quando a mente falsa aflora, a mente básica se oculta e torna-se falsa consciência, surgem apenas coisas negativas.

Quando criamos mentiras afirmando que não há mentiras, isso por si só é a mente falsa; por conseguinte, sua mentira já se tornou evidente. Se o coração é verdadeiro, as pessoas acabarão sabendo, sem que sejam necessárias explicações. A mente básica não precisa de explicações ou de desculpas.

A mente falsa é a doença na mente básica. Libertar-se da mente falsa é libertar-se da doença. Quando você se liberta dessa doença, você tem a mente saudável. Essa mente saudável é chamada de mente básica, ou mente original.

Se você está de acordo com a mente básica, você pode se tornar um mestre na arte da guerra. Esse princípio também se aplica a tudo o que você possa fazer.

Os mestres zen e os artistas marciais que tentaram seguir o caminho zen consideravam caracteristicamente que as atitudes mentais essenciais de seus caminhos específicos eram úteis em todas as atividades e posições sociais, como jamais se cansaram de repetir. Eles não acreditavam que, em última análise, estavam treinando a mente para adaptar-se a padrões arbitrários, impostos ao praticante, mas sim para ter disponível a capacidade de desenvolver o potencial natural para a resposta fluida à situação em questão. O mestre zen Takuan também desenvolve o tema em termos das definições budistas de "mente" e "não-mente", comparando atitudes que caracterizam as chamadas mente "errante" e "básica". Ele ilustra a diferença entre "mente" como excesso de pensamento, e "não-mente" como consciência sem limites. Como Suzuki Shōsan no seu alerta sobre a má compreensão de "não-pensamento", Takuan também explica a diferença entre "não-mente" no sentido positivo como fluidez e liberdade, e "desatenção" no sentido negativo como inexpressividade ou esquecimento.

A mente pensante é igual à mente errante. Mente significa meditar sobre alguma coisa, o que quer que seja. Quando você pensa em algo em sua mente, julgamentos e reflexões afloram, assim tem-se o estado de mente pensante.

A mente não-pensante é igual à mente básica, a mente quando não está congelada nem fixa, sem julgamentos nem reflexões. A mente que perneia todo o corpo e todo o ser é chamada de mente não-pensante. É a mente que não está estabelecida em parte alguma. A mente não-pensante não é como a pedra ou a madeira, mas significa a mente que não permanece em parte alguma.

Se você permanece em algum lugar, existe algo na mente; se não permanece, não existe nada na mente. Quando não existe nada na sua mente, chama-se a isso de mente não-pensante.

Quando essa mente não-pensante se torna a sua mente, você não se deixa fixar em nada e tampouco perde algo. No seu corpo, ela surge quando necessário, para satisfazer essa necessidade específica.

A mente que permanece fixa num ponto não trabalha livremente. Uma roda gira precisamente porque não está fixa. Se estivesse fixa em um ponto, ela não giraria. A mente também não trabalha quando está fixa em um ponto.

Se você está pensando em algo em sua mente, você não ouve o que as pessoas estão dizendo, mesmo se estiver escutando. Esse fato acontece porque a mente permanece naquilo em que você está pensando.

Quando sua mente permanece naquilo em que você está pensando, ela é unilateral. Quando é unilateral, ela não ouve o que você escuta nem vê o que você olha, porque há algo na sua mente, você está pensando em algo.

Quando você remove o que quer que exista na sua mente, ela é uma mente não-pensante e só trabalha quando necessário e da forma como é necessário.

A mente que deseja se libertar daquilo que está na mente também se torna algo na mente. Se você não pensar, isso desaparecerá por si só e você se tornará não-pensante espontaneamente.

Se agir sempre assim, um dia você acabará alcançando esse estado por si só. Se você tentar alcançá-lo de imediato, não chegará lá.

Um poema antigo diz:

> Pensar que nada pensarás
> Também é pensar em algo;
> Decidirás não pensar
> Ainda que não pensando?

Takuan amplia esse princípio para todas as artes na sua explicação que dá de uma famosa passagem da escritura budista: "Devemos estimular a mente sem nos fixarmos em nada." Uma das lendas zen mais populares fala da iluminação de um lenhador analfabeto ao ouvir essa passagem. Esse lenhador mais tarde tornou-se mestre supremo do Zen na China, e sua história é cultivada como o símbolo das possibilidades ocultas da mente comum. Tanto a citação da escritura como as tradicionais associações zen constituem cenários perfeitos para o tema que Takuan procura transmitir ao guerreiro.

> "Devemos estimular a mente sem nos fixarmos em nada.
>
> Em qualquer ocupação, quando a idéia de fazer o seu trabalho aflora, sua mente permanece naquilo que você está fazendo. Assim, essa passagem significa que devemos estimular a mente sem nos fixarmos em parte alguma.
>
> Se a mente não está atuando onde deve estar, suas mãos não funcionam; se você está andando, você pára imediatamente. As pessoas que estimulam a mente a fazer coisas específicas mas não param e continuam cuidando do que estão fazendo são chamadas de especialistas das várias artes.
>
> Da mente remanescente surge a mente que se apega, e a existência rotineira e repetitiva também tem início aí. Essa mente remanescente torna-se um cativeiro de vida e morte.
>
> O importante é não parar aí com a consciência de que você está vendo as flores e a folhagem, mesmo quando está vendo as flores e a folhagem.

> A questão fundamental é não fixar a mente em um ponto, mesmo quando você está vendo e ouvindo.

Finalmente, Takuan esclarece a diferença entre a "seriedade", mencionada anteriormente como uma prática elementar, e a prática zen de "não se fixar em parte alguma". Esse ponto costuma confundir os ocidentais, pois em geral os japoneses praticam a "seriedade" mais do que a "não-fixação", e o leigo pode facilmente deixar de perceber a diferença. Takuan explica:

> Quando considera a seriedade como a concentração na unidade ou uniformidade da atenção, sem se desviar, você continua fixando a mente em um ponto. O essencial é não deixar a mente se fixar em quem você vai matar, mesmo que isso signifique que você não será o primeiro a sacar a espada.
>
> A expressão [neoconfucionista] "concentração na unidade, sem se desviar" e a expressão [Pura Terra Budista] "com um só propósito, imperturbado" significam a mesma coisa. Contudo, a mente da "seriedade" não é definitiva no contexto do Budismo. É um método de treinamento e prática do controle da mente e para mantê-la disciplinada. Quando essa prática é desenvolvida ao longo dos anos, sua mente vai livremente aonde quer que você a envie.
>
> O estágio de "não se fixar em nada" é o estágio mais elevado e final. A mente da "seriedade" é o estágio no qual você impede deliberadamente a mente de ir a qualquer outro lugar, na suposição de que ela se tornará indisciplinada se você a deixar ir, mantendo-a sob controle e vigilância constante. Essa é uma medida apenas temporária, para evitar temporariamente a dispersão da mente. Mantendo-se assim o tempo todo, você terá a sua ação reduzida ou suprimida.

De acordo com esse ponto de vista, seguidores do Zen ou das artes zen que impressionam os demais com uma dedicação eterna à "prática" podem na verdade ser os fracassos da persistência. Os sinais de que o guerreiro Miyamoto Musashi não conseguiu alcançar o estágio mais profundo do Zen estão ligados a essa questão. Por outro lado, sua angústia desgastante pode ter sido um ardil, e nesse caso, Musashi, o educador, pareceria ter sido mestre da estratégia tanto no caminho budista como no caminho do guerreiro.

Estratégias do samurai

No seu estudo sobre a estratégia, os guerreiros japoneses utilizaram alguns dos modelos zen, mas grande parte da elaboração das artes marciais foi além da esfera do Zen puro. Isso é verdade particularmente em muitas das táticas de Musashi, sem dúvida poderosas quando praticadas no devido modo. Seus projetos em geral parecem ter a coragem do Zen sem o olhar do Zen, mas isso não é de todo incomum mesmo entre os zenistas profissionais no Japão.

Enquanto o principal interesse de Musashi é a vitória, por ele denominada essência do caminho do guerreiro, Yagyū Munenori concentra-se mais nas bases éticas da guerra e vai além, estendendo as aplicações práticas do pensamento estratégico dos guerreiros para a esfera das questões políticas e civis. Em scu livro sobre tradições familiares, Yagyū escreve:

> Quando um país é pacificado, a consideração conferida ao conjunto dos oficiais e à segurança da nação é também uma arte da guerra. Quando os oficiais buscam o interesse pessoal e, por isso, oprimem as pessoas comuns, isso é, acima de tudo, o começo do fim de uma nação. Observar atentamente essa situação, fazendo planos no sentido de evitar que o Estado sucumba devido ao egoísmo dos oficiais, é como vigiar um adversário em duelo, a fim de perceber seu movimento antes mesmo que ele o execute.

Enquanto Musashi escreveu sobre as artes marciais como uma carreira na sociedade e buscou-as como uma ciência e um modo de vida, a visão de Yagyū é mais voltada para a ética. Nele podem ser percebidas as influências zen e taoísta. Essa distinção não é clara o bastante quando o Bushidō, ou código samurai não escrito, é associado vagamente ao Zen-budismo, ou quando um duelista como Musashi é levado a representar o espírito do Zen. Em contraste com a necessidade militarista de vencer de Musashi, o sentido de necessidade moral de Yagyū é mais budista:

> Constitui um preconceito pensar que a arte da guerra destina-se apenas a matar pessoas. Ela não visa o extermínio de pessoas, mas o extermínio do mal. Trata-se de um estratagema para dar vida a muitas pessoas exterminando o mal de uma pessoa.
>
> Existe um velho ditado: "Armas são instrumentos de mau agouro, desdenhadas pelo Caminho dos Céus. Utilizá-las apenas quando for inevitável é o Caminho dos Céus."
>
> As armas são instrumentos de mau agouro porque o Caminho dos Céus é o caminho que dá vida aos seres; portanto, algo que é usado para matar é realmente um instrumento de mau agouro. Assim, isso quer dizer, portanto, que aquilo que se opõe ao Caminho dos Céus é desdenhado.
>
> No entanto, diz-se também que usar armas quando é inevitável é igualmente o Caminho dos Céus. O que significa isso? Embora as flores cresçam e a folhagem aumente com a brisa da primavera, quando chega a geada do outono as folhas sempre caem e as árvores secam. Esse é o julgamento da natureza.
>
> Isso porque existe uma lógica no ato de abater alguma coisa que está completa. As pessoas podem se aproveitar dos acontecimentos para fazer o mal, mas, quando esse mal está completo, ele é atacado. Por isso se diz que usar armas para exterminar pessoas quando é inevitável também é o Caminho dos Céus.
>
> Pode acontecer que uma grande quantidade de pessoas sofra em razão da maldade de um homem. Nesse caso, muitas pessoas são salvas com a morte de um homem. Esse não seria um bom exemplo de (ditado zen) "a espada que mata é a espada que dá a vida"?

A doutrina do extermínio de um tirano para salvar muitas pessoas da opressão é encontrada nas obras do filósofo confucionista Mencius, na *Escritura da Grande Morte* budista e nos antecedentes chineses da escola Tendai do Budismo. Contudo, esse conceito não é muito enfatizado no pensamento japonês, nem mesmo pelo samurai, que poderia tê-lo usado para racionalizar sua própria profissão e ascensão histórica ao poder sobre a antiga aristocracia.

Nisso o pensamento político budista japonês difere do chinês, no qual havia muito mais insurreições de inspiração budista do que no Japão. Provavelmente, não tanto devido a diferenças entre o Budismo chinês e o japonês, mas sim a diferenças na filosofia política das duas nações. Enquanto na China a legitimidade da revolução contra a tirania foi bem definida na filosofia clássica nativa, no Japão a tendência Xintó de pensamento político representava as classes dominantes como racialmente superiores ao campesinato, por conseguinte com privilégios sociopolíticos invioláveis sobre as pessoas comuns.

Nesse sentido, a obra de Yagyū Munenori caracteriza-se pelo domínio da moralidade budista sobre os conceitos autoritários de lealdade pessoal, retirados do Bushidō de uma combinação de Xintó e Confucionismo de Estado. Conquanto Yagyū Munenori fosse um mestre de Xogum, seu mestre zen, Takuan, não o poupou de críticas nem de advertências sobre os perigos de sua situação. Yagyū, por sua vez, demonstrou seu espírito zen em sua atitude crítica em relação à estrutura e à prática do governo. Seu fundamento moral para a ação militar não era a obediência à autoridade temporal, como acontecia freqüentemente com os guerreiros samurais. Não obstante sua consolidação no contexto das relações pessoais hierárquicas características de governos japoneses, ou talvez devido a essa consolidação, o manifesto ético de Yagyū é dirigido para idéias objetivas.

> Pessoas desleais cercam os governantes, fingindo-se honradas na presença de seus superiores; no entanto, têm um olhar feroz quando fitam seus subordinados. Exceto quando subornadas, elas apresentam o bem como mal, assim os inocentes sofrem e os culpados

triunfam. Perceber a possibilidade de isso acontecer é mais urgente do que perceber alguma estratégia oculta.

O país é o país do governante, o povo é o povo do governante. Aqueles que servem pessoalmente o governante são súditos do governante, assim como aqueles que o servem em local remoto. Qual é a distância entre eles? Eles são como mãos e pés a serviço do governante. Acaso os pés são diferentes das mãos porque estão mais longe? Como ambos sentem dor e coceira da mesma maneira, qual pode ser considerado mais próximo e qual mais distante?

O povo se ressentiria, portanto, com um governante honesto se aqueles próximos do governante expulsassem os que estão distantes, fazendo sofrer os inocentes.

Poucas pessoas estão próximas de um governante, talvez cinco ou dez. A maior parte das pessoas está distante do governante. Quando muitas pessoas se ressentem com o governante, elas irão expressar seus sentimentos. Ora, quando aqueles próximos do governante estiveram todo o tempo voltados para os próprios interesses, sem agir em consideração ao governante, de tal maneira que o povo se ressinta contra o governante, os próximos do governante serão os primeiros a atacá-lo quando chegar o momento.

Essa é a conduta dos que estão próximos, e isso não é culpa do governante. É bom que a possibilidade de tais situações seja claramente percebida e que aqueles que estão longe do governo não sejam excluídos de seus benefícios.

Aqui Yagyū usa uma tática bem conhecida em circunstâncias nas quais não existe um mecanismo seguro para contestar eficazmente os governantes. Em vez de dirigir a crítica ao governante, ele acusa os conselheiros do governante pelas falhas na política e administração do governo. No Japão, o poder do cargo de liderança tradicionalmente é tão grande que pessoas fracas podem ocupá-lo sem que essa fraqueza chegue a comprometer a autoridade do próprio posto. É então que os cortesãos que estão junto do governante podem tornar-se a força determinante do governo, evitando ao mesmo tempo a responsabilidade pessoal pela atuação na estrutura de consenso dos pares, à sombra de uma figura de autoridade incontestável.

Assim, Yagyū reconhece indiretamente as limitações do poder real do governante enquanto pessoa, o que só intensifica a sua consciência da necessidade de um governante perceber o que de fato está acontecendo dentro e fora do círculo de seu gabinete de conselheiros. Portanto, ele enfatiza a necessidade de acentuar a percepção não apenas no combate estratégico mas na estratégia de Estado, o que é ainda mais fundamental.

> Perceber com precisão as situações potenciais é a arte da guerra. Não esquecer a desordem em tempos de paz é a arte da guerra. Perceber a situação dos Estados, saber quando haverá ruptura e sanar a desordem antes que aconteça é também a arte da guerra.

O ideal de prever os acontecimentos antes que aconteçam é buscado como forma de lidar com eles antes que se faça necessário um grande esforço. Esse conceito provém do Taoísmo ancestral através do Zen, e é aplicado em todas as artes marciais individuais, bem como em todo tipo de coisa. Como o conceito central é a fluidez perceptiva, um dos mestres do Zen clássico chegou a dizer: "Não falo do que você faz no dia-a-dia; minha única preocupação é que a sua visão seja acurada." Yagyū enfatiza da mesma maneira a percepção aguçada e mostra como ela se aplica às interações humanas, tanto na guerra como na paz.

> A vanguarda do momento existe antes que o adversário esboce um movimento. Esse primeiro impulso de movimento é a energia, ou sentimento, guardado no peito. A dinâmica do movimento é energia, sentimento ou estado de espírito. Perceber com precisão a energia, o sentimento e o estado de espírito de um adversário e agir de acordo na sua presença é a chamada vanguarda do momento.
>
> A dobradiça está dentro da porta. Perceber o funcionamento invisível escondido dentro de cada um e exercer influência sobre ele é chamado de arte da guerra na vanguarda do momento.

> Nas relações sociais e profissionais, como você está agindo à medida que vê as situações irem se desenvolvendo, a atitude é semelhante à do guerreiro, mesmo onde não existe discórdia. A atenção para observar a dinâmica das situações mesmo num grupo é a arte da guerra.
>
> Se você não percebe a dinâmica de uma situação, você pode permanecer tempo demais em companhia imprópria e ter problemas sem nenhum motivo. Quando as pessoas fazem afirmações sem perceber o estado das outras, travam discussões e até mesmo perdem a vida como conseqüência. Tudo isso se deve à diferença que existe entre perceber ou não a dinâmica de uma situação e o estado das pessoas envolvidas.
>
> Até mesmo mobiliar uma sala de modo que tudo esteja no lugar certo é perceber a dinâmica de uma situação, o que envolve de certo modo a consciência da arte do guerreiro.

De modo geral, a obra de Yagyū é mais abstrata e teórica do que a de Musashi, incluindo seu tratamento da estratégia. Musashi descreve um número comparativamente grande de manobras específicas, Yagyū aprofunda mais a filosofia e psicologia da estratégia. Em sua discussão sobre "aparência e intenção", expressão composta para a estratégia cujo significado literal é "fora e dentro" ou "superfície e interior", Yagyū resume o que se considera agora uma marca registrada do comportamento transacional do japonês:

> Aparência e intenção são fundamentais na arte da guerra.
>
> Aparência e intenção significam o uso estratégico de manobras, o uso da impostura para conseguir aquilo que é real.
>
> Aparência e intenção seduzem inevitavelmente as pessoas quando utilizadas com habilidade, ainda que as pessoas sintam que existe uma intenção ulterior por trás das aparências. Quando você estabelece suas manobras e os adversários se deixam seduzir por elas, você alcança a vitória deixando que eles se envolvam pelos seus ardis.
>
> Quanto àqueles que não se deixam levar por uma manobra, quando você percebe que eles não cairão na armadilha, você adota

outra postura. Então, ainda que os adversários não tenham caído na sua manobra original, na verdade eles caíram.

No Budismo isso é chamado de meio conveniente. Conquanto a verdade real esteja oculta no interior e a estratégia seja empregada externamente, quando finalmente você é levado à verdade real, os fingimentos tornam-se todos a verdade real.

A afirmativa de Yagyū a respeito da relação entre os meios convenientes e a verdade no Budismo não está realmente de acordo com os ensinamentos das escrituras, mas é característica de grande parte da igreja budista japonesa formal. A aparente identificação última dos meios e dos fins refletida aqui reforça a formação de toda espécie de cultos, que utilizava todas as práticas rituais muito depois de seu significado original ter sido esquecido.

A monumental *Zongjinglu*, enciclopédia pan-budista utilizada pelos primeiros instituidores do Zen no Japão três séculos antes de Yagyū, explica a posição budista clássica: "Você pode seguir explicações convenientes na medida em que se apegar ao provisório em detrimento do real. Mas se você alcançar o ensinamento imediato e completo, então compreenderá o real e se abrirá para o provisório. Se você se apegar ao provisório, ensinamento e percepção estarão divididos." De acordo com esse ponto de vista, é difícil evitar a impressão de que até mesmo os guerreiros que estudaram o Zen, como Musashi e Yagyū, jamais venceram seu apego ao caminho específico que seguiram na vida comum.

Isso não quer dizer que havia necessariamente algo de ameaçador na compreensão simplista de Yagyū para o Zen-budismo. Os japoneses dizem *Uso mo hōben* ("Até mesmo a mentira é um recurso"), o que pode ser usado para referir-se a toda espécie de meta ou objetivo, uma questão pessoal sem nenhuma relação necessária com a origem ou significado budista da idéia do meio adequado de libertação. O próprio Yagyū ilustra a impostura tornando-se real em termos psicológicos e éticos, utilizando a imagem da religião de mistérios Xintó paralelamente ao caminho do guerreiro.

> Na religião do espírito existe o que chamamos de mistério dos espíritos. O mistério é mantido em segredo a fim de promover a fé religiosa. Quando as pessoas têm fé, elas e as demais se beneficiam.
>
> No caminho do guerreiro, isso recebe o nome de estratégia. Embora estratégia seja impostura, quando a impostura é usada para vencer sem prejudicar as pessoas, ela finalmente torna-se verdade.

O primeiro passo da estratégia de Yagyū para o guerreiro consiste em praticar o ensinamento zen de não-fixação. É antiga a idéia de que a fixação mental torna as pessoas vulneráveis. O clássico chinês *A Arte da Guerra* afirma: "Ataque aquilo que certamente eles irão defender." O guerreiro zen, portanto, pratica a arte de não se apegar a nada, evitando assim ser apanhado pelo que quer que seja, como explica Yagyū, seguindo o ensinamento do mestre zen Takuan.

> O espírito é o mestre da mente. O espírito é interior e utiliza a mente no mundo exterior. A mente também direciona a energia. Utilizando a energia, a mente se exterioriza a serviço do espírito. Quando a mente se fixa em determinado lugar, perde sua eficácia. Portanto, é fundamental assegurar-se de não manter a mente fixa em um ponto.
>
> Quando um chefe de família envia o criado a algum lugar com uma missão, se o criado permanece ali e não retorna, ele deixa de ser útil. Se a sua mente se fixa em algo e não retorna à sua posição básica, sua habilidade na arte da guerra fica desequilibrada.
>
> Assim, a prática de não permitir que a mente permaneça em um ponto aplica-se a todas as situações, não apenas à arte da guerra.

As instruções de Yagyū sobre equilíbrio e espontaneidade, combinando o físico e o psicológico, também são influenciadas pelo Taoísmo através do Zen. Como resultado, ele realiza sutilmente as possibilidades metafóricas ampliadas, características das obras dessas tradições.

Os passos não devem ser dados depressa ou devagar demais. Os passos devem ser dados de maneira casual e tranqüila.

Não é bom ir longe demais ou não chegar suficientemente longe; escolha o meio-termo. Quando você avança muito depressa, significa que está com medo e aturdido; quando avança muito devagar, significa que está temeroso e assustado.

O estado desejável é aquele no qual você não está transtornado de forma alguma.

Em geral, as pessoas piscam quando algo passa rapidamente diante de seus olhos. Isso é normal, e o fato de você piscar não significa que você está transtornado. Da mesma forma, se algo é lançado na direção dos seus olhos duas ou três vezes mais a fim de assustá-lo, não piscar na verdade significaria que você estava transtornado.

Conter deliberadamente o piscar espontâneo indica uma mente muito mais perturbada do que indica o piscar.

A mente imóvel ou imperturbável é normal. Se algo se aproxima de seus olhos, você pisca. Esse é o estado de não-transtorno. O fundamental é simplesmente não perder o estado normal da mente. Tentar não se mover é mover-se. Mover-se é um princípio imóvel.

É bom dar passos da maneira normal e na disposição de espírito normal. Esse é o estágio no qual nem a sua aparência nem a sua mente estão transtornadas.

Aparentemente, o guerreiro parece estar falando de um duelo, mas a expressão "dar passos" também significa empenhar-se em qualquer ação premeditada. Nesse sentido, a disposição de espírito no qual são dados os passos é fundamental para todo o empreendimento. Yagyū segue descrevendo os limites extremos de atenção exigidos pela estratégia do guerreiro, explicando suas palavras-código fundamentais de seu ofício, "o primeiro princípio" e a "primeira espada", como são usadas na sua arte. Os significados ulteriores dessas expressões transmitem tanto o estado de espírito como a prática do caminho do guerreiro.

"O primeiro princípio" é uma palavra-código na arte da guerra. Na arte da guerra geral, significa ser independente de todas as formas possíveis. O importante é aquilo que acontece quando você está sob grande pressão. "O primeiro princípio" significa que você mantém isso claramente na mente, presta toda a atenção e providencia para não se ver em apuros.

"A primeira espada" é uma palavra-código para perceber o movimento incipiente dos adversários. A expressão "a primeira espada crítica" significa que perceber o que os adversários estão tentando fazer é a "primeira espada" de significado máximo e supremo.

Compreendendo a percepção das ações incipientes de adversários como a primeira espada, entenda a arma que golpeia de acordo com o que fazem como a segunda espada.

Yagyū também enfatiza a questão específica de que a visão intensificada da "primeira espada" não é desenvolvida pelo poder do olho comum, mas pela visão direta da mente zen, a qual percebe o âmago das coisas.

A visão com os olhos é chamada de percepção; a visão com o coração e a mente é chamada de observação, no sentido de contemplação mental.

Inversamente, a primeira linha da estratégia ofensiva de Yagyū também é defensiva, visando neutralizar a capacidade dos adversários de ler a sua própria mente, assim como ele leria a deles. Como em qualquer truque de mãos, a distração torna-se uma chave tanto para a ofensiva defensiva como para a defesa ofensiva. Novamente Yagyū recorre à terminologia zen em busca de uma metáfora apropriada.

No Zen existe algo chamado "bater o capim para assustar as cobras". Sobressaltar ou surpreender um pouco as pessoas é um estratagema, assim como golpear o capim para surpreender as cobras.

Tomar uma atitude inesperada como uma manobra para surpreender os adversários também constitui uma aparência que oculta uma intenção ulterior, uma arte da guerra.

Quando um adversário é surpreendido e o sentimento de oposição é afastado, o adversário experimentará um hiato no tempo de reação.

Mesmo gestos simples são usados para distrair a atenção do adversário.

Jogar a espada no chão também é uma arte da guerra. Se você alcançou a supremacia da não-espada, jamais estará sem espada. A espada do adversário é a sua espada. Isso é agir na vanguarda do momento.

Esse tipo de estratégia é empregado comumente em toda sorte de interação no Japão e alhures, no Oriente. Baseava-se originalmente nos antigos ensinamentos taoísta e budista como dispositivo pedagógico e foi adaptado para a "arte da vantagem" no livro clássico sobre estratégia conhecido como *A Arte da Guerra*. Hoje está amplamente difundido e pode ocorrer em qualquer tipo de transação.

Os ocidentais, pouco familiarizados com essa estratégia, costumam enfrentar dificuldades para diferenciar entre o interior e a superfície, chegando a confundir aparência com intenção. Estudiosos ocidentais do Zen defrontam com um problema duplo nesse sentido, porquanto também precisam diferenciar quais são realmente os dispositivos sociais dos japoneses e quais são os verdadeiros dispositivos zen.

A estratégia supracitada de Yagyū, o domínio da "não-espada", é talvez a façanha culminante do caminho do guerreiro, que possibilita a utilização do Zen na vida cotidiana. Em teoria, "não-espada" significa a capacidade de se defender sem uma arma, sugerindo o uso da arma do adversário contra ele mesmo. Essa não é apenas uma técnica da esgrima mas também do debate, da negociação e de outras formas de competição; aqui Yagyū é fiel aos ideais zen, estabelecendo a diferença entre os aspectos técnicos da arte e o propósito original, a fim de estabelecer um caminho razoável para diferenciar entre necessidade inevitável e agressão egoísta, tanto na deliberação como na ação.

> "Não-espada" não significa necessariamente que você tenha de tomar a espada do adversário. Tampouco significa que tenha de dar um *show*, empunhando a espada para manter a sua reputação. É a arte de, sem espada, não se deixar vencer.
>
> O propósito básico não é ter a intenção deliberada de arrebatar uma espada da mão do adversário.
>
> Não se trata de procurar com insistência arrancar aquilo que está sendo deliberadamente mantido fora do seu alcance. Não se aproveitar da tentativa [do adversário] de manter [a espada] também é "não-espada". Alguém que está preocupado em não perder [a espada] se esquece de quem é o adversário e apenas tenta evitar que [sua espada] lhe seja arrebatada, e dessa forma não consegue exterminar quem quer que seja.
>
> A "não-espada" não é a arte de arrebatar a espada de outrem. Sua finalidade é usar livremente todos os instrumentos. Se você, inclusive, for capaz de retirar a espada de outrem quando estiver desarmado e torná-la sua, que coisa deixará de ter utilidade nas suas mãos?

Essa arte da "não-espada" foi utilizada pelo Japão moderno para tornar-se uma grande potência industrial em um século, não obstante seu pequeno território e a falta de outros recursos exploráveis industrialmente além do trabalho e do engenho humanos. Seja na esfera pessoal do guerreiro seja no domínio público de toda uma nação ou cultura, a essência da arte da não-espada é fazer da engenhosidade o seu recurso. Em seu *Livro das Cinco Esferas*, Miyamoto Musashi também faz essa mudança de perspectiva, do caminho do guerreiro para a luta universal pela sobrevivência e pela superioridade:

> Na ciência das artes da guerra, é particularmente difícil tornar-se mestre sem estar no caminho reto e possuir uma visão ampla.
>
> Se essa ciência é aprendida com êxito, ela não o decepcionará, ainda que tenha de enfrentar vinte ou trinta adversários sozinho.

Em primeiro lugar, se você trilhar diligentemente o caminho reto, tendo em mente a arte da guerra, poderá superar as pessoas com as suas mãos e com a sua visão.

Quando você pratica até se tornar completamente competente no livre uso de toda a ciência, você pode superar fisicamente as pessoas e, quando sua mente estiver impregnada dessa ciência, você também poderá superar as pessoas com o poder da mente.

Quando chegar a esse ponto, como você pode perder para as pessoas?

Além disso, no que se refere à arte da guerra em larga escala, você vence encontrando pessoas eficientes, você vence empregando um grande número de pessoas, você vence conduzindo-se corretamente, você vence governando nações, você vence promovendo o desenvolvimento das pessoas, você vence no desempenho dos costumes sociais.

Em todas as posições sociais, o que o ajuda a saber como evitar perder para as pessoas, como se salvar a si próprio e à sua honra, é a ciência da arte da guerra.

Embora reconhecesse os usos universais da arte do guerreiro, como guerreiro e estrategista Musashi concentrou-se fundamentalmente nas formas mais intensas e fortes de contenção e resolução. Seus princípios básicos derivam antes de *A Arte da Guerra* do que do Zen-budismo. Em "Pergaminho do Fogo" do *Livro das Cinco Esferas* de Musashi, há descrições das posturas clássicas de equilíbrio do guerreiro, posturas que também constituem leis para manobrar exércitos.

Mesmo quando você está sereno, sua mente não está serena; mesmo quando você se precipita, sua mente não se precipita. A mente não se deixa arrastar pelo corpo, o corpo não se deixa arrastar pela mente. Concentre-se na mente, não no corpo. Não permita que haja insuficiência nem excesso na sua mente. Mesmo se superficialmente irresoluto, internamente seja forte e não permita que as outras pessoas conheçam a sua mente.

Seguindo *A Arte da Guerra*, clássico original no seu campo, Musashi enfatiza a importância de conhecer o adversário e aprender a reagir de acordo com as circunstâncias.

> Avaliar a inteligência e a estratégia de cada adversário, conhecer as táticas fortes e fracas do adversário, usar o conhecimento e a virtude da arte da guerra e descobrir como superar todos os demais, a isso se chama domínio dessa ciência.
>
> No contexto da arte da guerra em larga escala, perceber as condições significa conhecer os altos e baixos dos adversários, conhecer o coração dos seguidores dos adversários, avaliar a situação, perceber o estado do inimigo, compreender aquele ponto crucial que lhe permitirá utilizar suas forças com eficiência suficiente para vencer segundo os princípios da arte da guerra e lutar conhecendo o seu alvo.
>
> Quando você enfrenta um único adversário, também é preciso saber como ele atua, discernir o caráter do adversário, ver a força e a fraqueza da pessoa, fazer o que o inimigo não espera e conhecer os altos e baixos desse inimigo, familiarizando-se com seus ritmos, para assim se apropriar antecipadamente deles.
>
> Se o seu conhecimento é vigoroso, as condições de cada indivíduo serão evidentes para você. Quando dominar a arte da guerra, você encontrará inúmeras maneiras de vencer os adversários, avaliando-lhes corretamente a mente, o que exige um trabalho cuidadoso.

Um dos meios primordiais de conhecer os adversários consiste em colocá-los deliberadamente à prova. O povo japonês faz isso com os estrangeiros todo o tempo. Se os estrangeiros são ocidentais, talvez não percebam que estão sendo testados e confundam o conteúdo superficial da interação com o significado subjacente. Em situações de luta, é possível fazer um teste, travar uma batalha de desgaste e praticar a técnica da "não-espada" concomitantemente. Escreve Musashi:

> No que diz respeito aos ataques feitos a você, deixe que os adversários avancem e tomem todas as atitudes inúteis, impedindo-os,

ao mesmo tempo, de fazer algo de útil. Isso é fundamental na arte da guerra.

Aqui, se você procurar conscientemente frustrar os adversários, você já estará atrasado. Em primeiro lugar, quando estiver fazendo o que quer que seja cientificamente, frustre justamente o primeiro impulso do adversário de tentar algo, anulando tudo. Manipular os adversários desse modo é a supremacia da arte da guerra, que é adquirida com a prática.

Em algum momento, quando o guerreiro japonês sente que acumulou energia suficiente e que seu adversário oferece uma lacuna adequada, pode haver a conclusão súbita de uma interação. Embora evidente em desempenhos das artes marciais tradicionais, quando esse fenômeno acontece no contexto de eventos mais complexos, ele pode confundir ou desorientar um espectador desinformado. Provavelmente, seria correto afirmar que todos os guerreiros japoneses conscientes de sua arte procuraram cultivar esse exercício de poder, descrito por Musashi em termos caracteristicamente simples.

> É possível alcançar determinada vitória por meio do estado de espírito de total absorção no objetivo com um único golpe vigoroso. A arte da guerra não pode ser compreendida sem um aprendizado adequado. Se puder cultivar essa consciência do estado de espírito de total absorção num único golpe vigoroso, você conseguirá dominar a arte da guerra como uma forma de vencer onde e quando o desejar.

A capacidade de concentração total também tem sido tradicionalmente cultivada pelo povo japonês em outras ocupações, quase sempre com muito sucesso. No caso de Musashi, a absorção pessoal despendida no caminho do guerreiro e nas artes marciais redundou claramente na elaboração incomum que fez da ciência da estratégia no conflito.

A obsessão de Musashi parece ter afetado de maneira adversa seus outros relacionamentos — com as mulheres, com o mundo e com o Zen — mas seu *Livro das Cinco Esferas* de todo modo não costuma ser lido fundamentalmente em busca dos valores morais e intelectuais. Qualquer que pudesse ser a intenção de Musashi, a visão zen desse livro, assim como de qualquer outro, seria a do observador objetivo.

O conhecimento das táticas pode ser empregado de modo defensivo e também agressivo. Esse conhecimento pode solucionar o conflito disseminando-o, evitando-o, bem como vencendo-o. Do ponto de vista do Zen, uma das artes dessa ciência, e como de qualquer outra, consiste em saber quando usá-la e quando não usá-la.

Isso é verídico em todo conhecimento, segundo o conceito budista de *habilidade dos meios*, o que significa a adaptação ativa da sabedoria a cada situação. Isso é particularmente verdadeiro naqueles ramos do conhecimento que lidam com poderes extraordinários, tais como a arte da guerra.

O clássico da estratégia e das artes marciais de Miyamoto Musashi pode mostrar a maior necessidade dessas advertências, na medida de sua superioridade na explicação de certas formas de poder. Seu tratamento de manobras específicas é bastante definido, aguardando apenas o compromisso do leitor para traduzir os princípios abstratos em compreensão dos acontecimentos presentes.

Os ensaios a seguir, do famoso "Pergaminho do Fogo" do neoclássico *Livro das Cinco Esferas* de Musashi, constituem exemplos fundamentais da filosofia da vitória ou da "arte da vantagem", a qual estabelece a diferença entre o caminho do guerreiro e o Zen-budismo. Essas estratégias são em si mesmas amorais do ponto de vista da arte da guerra, mas para uma visão budista são imorais a serviço de qualquer culto de vitória e derrota. Talvez por isso nenhum estudioso do Zen jamais as tenha tornado mais acessíveis do que o próprio Musashi.

Desintegração

A desintegração acontece com tudo. Quando uma casa desmorona, uma pessoa desmorona ou um adversário desmorona, eles caem aos pedaços por saírem do ritmo do tempo.

Na arte da guerra em grande escala, é igualmente fundamental descobrir o ritmo dos adversários quando eles se dividem, e persegui-los de modo a não deixar passar despercebidas as oportunidades. Se você não se der conta dos momentos vulneráveis, provavelmente haverá um contra-ataque.

Na arte da guerra individual também acontece de um adversário sair do ritmo em combate e começar a se desintegrar. Se você perder essa chance, o adversário irá se recuperar e o frustrará. É fundamental aproveitar firmemente qualquer falta de equilíbrio da parte do adversário, impedindo que ele se recupere.

Sombras móveis

"Sombras móveis" é algo que você pode fazer quando não consegue discernir o que os adversários estão pensando.

Quando você não pode ver o estado do seu oponente, você finge fazer um ataque violento para ver o que o inimigo fará.

Sombras retentoras

"Sombras retentoras" é algo que você faz quando as intenções agressivas dos adversários contra você são observáveis.

Na arte da guerra em larga escala, isso significa parar a ação do inimigo desde o primeiro impulso para agir. Se você mostrar vigorosamente aos adversários como controla a vantagem, eles mudarão de idéia, inibidos pela sua força.

Você também muda a sua atitude diante de uma mente vazia, da qual você retira a iniciativa; é então que você vence.

Também na arte individual da guerra você usa um ritmo vantajoso para deter a forte determinação da motivação do adversário; então você encontra a vantagem da vitória no momento da pausa e em seguida toma a iniciativa.

Isso exige muito trabalho.

Contágio

Existe contágio em tudo. Até mesmo a sonolência pode ser contagiosa, o bocejo pode ser contagioso. Existe inclusive o contágio de um momento.

Na arte da guerra em larga escala, quando os adversários estão agitados e, evidentemente, ansiosos para agir, você se comporta como se estivesse bem tranqüilo, aparentando estar bastante relaxado e à vontade. Faça isso, e os adversários serão influenciados por esse estado de espírito, tornando-se menos entusiasmados.

Quando achar que os adversários "pegaram" esse estado de espírito, você esvazia a sua mente e age com rapidez e firmeza, alcançando assim a vantagem da vitória.

Também na arte individual da guerra é fundamental estar com o corpo e a mente relaxados, perceber o momento em que o adversário se descuida e tomar rapidamente a iniciativa para vencer.

Arrebatamento

Existe também algo chamado "arrebatamento", que é semelhante ao "contágio". Um estado de espírito arrebatador é o tédio. A inquietação é outro. O medo é outro. Tudo isso exige trabalho para ser realizado.

Transtorno

O "transtorno" acontece em todo tipo de situação. Uma forma de ele se manifestar é através de uma sensação de que estamos sob forte pressão. Outra é através de uma sensação de tensão excessiva. Uma terceira é através de uma sensação de surpresa diante do imprevisto.

Na guerra em larga escala, é fundamental causar transtorno. É importante atacar resolutamente quando os inimigos não estão esperando e, enquanto a mente deles estiver perturbada, usar essa situação a seu favor, tomar a iniciativa e vencer.

No combate individual, a princípio você parece relaxado, então, de repente, você ataca com vigor. Quando a mente do adversário muda de intensidade, é fundamental você acompanhar o que ele faz, não o deixando relaxar nem por um instante, percebendo a vantagem do momento e reconhecendo bem nesse instante como alcançar a vitória.

Pavor

Existe pavor em todo tipo de situação. É a mente apavorada diante do inesperado.

Se você conseguir aproveitar o momento do pavor, poderá levar vantagem e vencer.

Manter-se próximo

"Manter-se próximo" significa que, numa luta corpo a corpo, quando você percebe que não está indo bem, você se mantém bem junto do adversário. É fundamental tirar proveito das oportunidades para vencer, mesmo numa luta corpo a corpo.

Avançar contra os flancos

"Avançar contra os flancos" significa que, quando você investe contra alguma coisa com toda a firmeza, dificilmente ela cede assim.

Na arte da guerra em massa, observe as tropas adversárias; onde elas são mais volumosas, atinja os flancos dessa frente poderosa e a vantagem será sua.

Quando os flancos sucumbem, todos têm a sensação de colapso. Mesmo ao sucumbirem, é fundamental perceber quando cada flanco está pronto para avançar, e sentir quando se deve dominá-lo.

Também na arte individual da guerra, quando você inflige dor em alguma parte do corpo do adversário todas as vezes que ele faz um movimento agressivo, esse corpo vai enfraquecendo gradualmente até ficar prestes a sucumbir, sendo então fácil derrotá-lo.

É fundamental analisar cuidadosamcnte este ponto para perceber onde você pode alcançar a vitória.

Confundir

Confundir os adversários significa agir de modo a impedi-los de ter a mente estável.

Na arte da guerra em massa, significa avaliar a mente dos adversários no campo de batalha e usar o poder do seu conhecimento da arte da guerra para manipular-lhes a atenção, levando-os a terem idéias confusas acerca do que você vai fazer; significa encontrar um ritmo que confunda os adversários, percebendo com precisão onde você pode vencer.

Também na arte individual da guerra, você experimenta diversas manobras segundo a oportunidade do momento, fazendo o adversário pensar que você vai fazer isso, depois aquilo, depois outra coisa, até perceber que ele começa a ficar confuso, e assim alcança a vitória quando assim o deseja. Essa é a essência da batalha.

Aniquilamento

O "aniquilamento" exige um estado de espírito de aniquilamento, como quando você observa um adversário fraco e torna-se forte, esmagando desse modo o oponente.

Na arte da guerra em massa, essa atitude significa desprezar um inimigo em pequeno número, ou mesmo em grande número, quando os adversários estão desmoralizados e enfraquecidos, e você concentra sua força para aniquilá-los, dizimando-os.

Se o seu "aniquilamento" é fraco, ele pode mudar de direção. É preciso perceber cuidadosamente o estado de espírito no qual você mantém o total controle durante o aniquilamento.

Também na arte individual da guerra, quando seu adversário não é tão hábil quanto você, ou quando o ritmo dele é desordenado ou quando ele começa a recuar, é fundamental não deixá-lo recuperar o fôlego, não lhe dando tempo nem mesmo para piscar; esmague-o.

O mais importante é não deixar que ele se recupere, o que deve ser estudado muito atentamente.

Mudança de mar e montanha

"Mar e montanha" significa ser desaconselhável repetir a mesma coisa várias vezes. Talvez você tenha de repetir alguma coisa uma vez, mas não deve tornar a fazê-lo uma terceira vez.

Quando você tenta alguma coisa contra um adversário, se não funcionar da primeira vez, você não ganhará nada apressando-se a repetir o feito. Mude de tática abruptamente, fazendo alguma coisa bem diferente. Se isso também não funcionar, então tente outra coisa.

Assim, a ciência da arte da guerra envolve a presença da mente para "agir como o mar quando o inimigo se assemelha a uma montanha, e agir como uma montanha quando o inimigo se assemelha ao mar".

Isso exige cuidadosa reflexão.

Derrotar o coração

Quando você luta com um inimigo e parece vencer graças à sua habilidade nessa ciência, o adversário pode continuar a ter idéias e, embora pareça derrotado, internamente ele ainda se recusa a admitir a derrota. "Derrotar o coração" aplica-se a esses casos.

Significa mudar repentinamente de atitude para impedir que o inimigo tenha essas idéias; assim, é fundamental fazer com que os inimigos se sintam derrotados no fundo de seus corações.

Você pode derrotar o coração das pessoas com armas, ou com o seu corpo, ou com a sua mente. Essa idéia não deve ser entendida apenas de uma maneira.

Quando seus inimigos ficam completamente desencorajados, você não precisa mais vigiá-los. Caso contrário, continue observando. Se os inimigos continuarem a ter ambições, dificilmente sucumbirão.

Renovação

No combate aos inimigos, se você se sentir acuado e não fizer progressos, afaste esse estado de espírito e pense do fundo do seu coração que você está começando tudo de novo. À medida que adquire o ritmo, você percebe como vencer. Isso é "tornar-se novo".

Sempre que sentir a tensão e o atrito crescendo entre você e as pessoas, se mudar o seu modo de pensar, nesse exato momento poderá triunfar por uma vantagem nitidamente distinta. Isso é "tornar-se novo".

Na arte da guerra em larga escala é fundamental compreender o conceito de "tornar-se novo". É algo que se manifesta repentinamente graças ao poder do conhecimento da arte da guerra.

Esse ponto precisa ser cuidadosamente analisado.

O grande e o pequeno

Quando está combatendo os inimigos e começa a se sentir envolvido por manobras insignificantes, lembre-se dessa lei da arte da guerra: em meio às minúcias, de súbito você muda para uma perspectiva ampla.

Mudar para grande ou pequeno é parte intencional da ciência da arte da guerra. É fundamental para os guerreiros buscar isso, mesmo na consciência ordinária da vida humana.

Um comandante que conhece os soldados

"Um comandante que conhece os soldados" é um método sempre utilizado em tempo de conflito, depois de ter alcançado a supremacia a que se aspira: tendo conseguido o poder no conhecimento da arte da guerra, você pensa nos seus adversários como seus próprios soldados, compreendendo que deve tratá-los como quiser, tencionando manipulá-los livremente. Você é o comandante; os adversários são as tropas. Isso exige trabalho.

Assemelhar-se a um muro de pedra

"Assemelhar-se a um muro de pedra" acontece quando um mestre da arte da guerra de repente torna-se como um muro de pedra, inacessível a tudo, impassível.

As trinta e seis estratégias

Conquanto as obras de artistas marciais japoneses como Miyamoto Musashi e Yagyū Munenori estejam disponíveis facilmente no Japão moderno, ainda assim a tradição chinesa original da *arte da vantagem* permanece incomparável. Uma das ironias da história japonesa reside no fato de que essa arte sempre foi usada com sucesso praticamente em todas as áreas fora do conflito armado. Poder-se-ia dizer que a própria ciência original profetizaria esse resultado, mas parece paradoxal ou irônico quando vista exclusivamente no contexto da história japonesa.

Embora os próprios guerreiros japoneses possam ter sido influenciados pelo Zen-budismo, grande parte de sua estratégia provém da arte da guerra chinesa.

O corpo deste livro teve início com uma análise do caminho do guerreiro japonês conforme é compreendido por dois de seus mais famosos praticantes. Enfatizam eles, primordialmente, que o início está no aprendizado, não como um passatempo ou uma busca intelectual, mas como uma forma de aprender a viver.

Para o guerreiro, isso significa, acima de tudo, aprender a viver bem sob coação, aprender a sobreviver ao caos. Portanto, este livro se volta para o Zen-budismo, fonte da serenidade interior incontestável buscada pelo guerreiro. Embora não exista essa distinção no Zen absoluto, há ensinamentos específicos para diferentes tipos e personalidades humanas. Como os guerreiros eram apresentados a pessoas de todas as classes ao longo dos séculos de lei marcial no Japão, certos aspectos da cultura dos samurais, incluindo a arte da vantagem e os ensinamentos zen, dirigidos especificamente aos guerreiros, passaram a exercer influência em toda a sociedade japonesa.

Devido à duração extremamente longa da lei marcial no Japão, o equilíbrio no Bushidō entre o Zen e a arte da vantagem parece ter pendido decididamente para esta última. Na verdade, o fato parece ter acontecido a tal ponto que chegou a influenciar o próprio Zen-budismo com formas caracteristicamente japonesas, bastante marcadas por elementos da arte da guerra. Portanto, este livro vai do Zen para guerreiros ao tema da estratégia pura.

Seja através de tradições da psicologia e estratégia política e militar, seja através do guerreiro zen e das artes promovidas por ele, não há dúvida de que a antiga filosofia e ciência da guerra chinesas estão muito presentes na cultura e nos hábitos do Japão contemporâneo. Um dos perfis clássicos mais populares e ainda atuais da tradicional arte da vantagem está contido no famoso *Trinta e Seis Estratégias.*

À moda de um mestre guerreiro na tradição clássica de *A Arte da Guerra,* o autor de *Trinta e Seis Estratégias* é desconhecido, não obstante o renome de sua obra. As estratégias estão contidas em frases mnemônicas, muitas das quais se tornaram provérbios e são bastante conhecidas e utilizadas na esfera cultural chinesa. Aqui as estratégias são traduzidas e decodificadas, com breves explicações acerca de seu significado.

1. Atravesse sorrateiramente o oceano em plena luz do dia.

Isso significa criar uma frente que eventualmente fica impregnada de uma atmosfera ou impressão de familiaridade, em cujo interior o estrategista pode manobrar sem ser visto, pois todos os olhos estão treinados para ver o que é óbvio.

2. Cerque um estado para salvar outro.

Quando um grupo forte está prestes a dominar um grupo mais fraco, um terceiro grupo pode "comer a sua parte do bolo", ganhando uma boa reputação ao atacar o agressor aparentemente em benefício do defensor, e também absorvendo eventualmente o defensor enfraquecido para tirar proveito, sem incorrer no mesmo opróbrio que seria igualado a uma agressão inequívoca.

3. Aproprie-se de uma espada para exterminar o outro.

Quando um lado do conflito está enfraquecido, ele pode atrair seus amigos para a batalha, desferindo desse modo um golpe contra seus inimigos e conservando ao mesmo tempo a própria força.

4. Enfrente os que estão exaustos descansadamente.

Você força os outros a despender energia, enquanto preserva a sua. Cansa os adversários enviando-os em buscas inúteis, ou fazendo-os chegar até você vindos de muito longe, enquanto você mantém a sua posição.

5. Lance-se ao fogo para realizar um furto.

Você usa os problemas alheios como oportunidades para ganhar algo para si.

6. Simule um ataque a leste, ataque a oeste.

Você espalha informações desorientadoras a respeito de suas intenções, ou faz sugestões falsas, a fim de induzir o adversário a concentrar suas defesas em uma frente, deixando assim a outra frente vulnerável ao ataque.

7. Crie algo do nada.

Você cria uma idéia falsa na mente do adversário e a fixa na sua mente como uma realidade. Isso significa, em particular, que você transmite a impressão de que tem algo que não tem, para que possa parecer terrível e, assim, realmente obter uma segurança que não havia usufruído antes.

8. Atravesse a passagem no escuro.

Você levanta uma frente falsa e então penetra o território adversário em outras frentes enquanto eles estão distraídos com a frente falsa.

9. Observe o fogo da margem oposta do rio.

Você assiste calmamente aos adversários às voltas com problemas internos, esperando que se destruam a si mesmos.

10. Esconda uma espada num sorriso.

Você se congraça com os inimigos, induzindo-os a confiarem em você. Quando conquista a sua confiança, pode avançar contra eles em segredo.

11. Uma árvore se deixa abater por outra.

Sacrifícios individuais podem ser necessários para que seja alcançado um objetivo maior.

12. Tome uma ovelha nas mãos enquanto caminha.

Você tira proveito de qualquer oportunidade, por menor que seja, e usa qualquer benefício, por menor que seja. A idéia provém da história de um viajante indigente que percorria uma estrada. No trajeto, ele encontrou um rebanho de ovelhas. Ele atravessou o rebanho e quando emergiu do outro lado, carregava uma ovelha aos ombros. Ele agiu com tanta calma e naturalidade, como se estivesse conduzindo sua própria ovelha para o mercado o tempo todo, que o pastor nem mesmo o percebeu.

13. Revolva o capim para afugentar as cobras.

Quando os adversários são reservados e insondáveis, você cria algum tipo de agitação para ver como irão reagir. Yagyū faz menção a esse procedimento e também observa que ele é utilizado no Zen. Alguns ditados e histórias zen são usados basicamente para testar as pessoas e descobrir como são.

14. Tome emprestado um cadáver para trazer de volta um espírito.

Não use o que todos estão usando, mas aquilo que as pessoas não estão usando. Isso pode significar reviver algo que saiu de uso graças à negligência, ou encontrar utilidade para coisas que até então haviam sido ignoradas ou consideradas inúteis.

15. Treine um tigre para deixar as montanhas.

Você não adentra o reduto do território de adversários poderosos, mas os induz a abandonarem sua fortaleza.

16. Quando quiser fazer prisioneiros, deixe-os soltos por algum tempo.

Inimigos em retirada podem voltar e atacar desesperadamente se forem muito perseguidos. Se tiverem espaço para fugir, por outro lado, eles se dispersam e perdem a energia. Então podem ser capturados sem maior violência.

17. Atire um azulejo para colher um jade.

Você apresenta alguma coisa de valor aparente ou superficial para induzir o outro lado a produzir algo de real valor.

18. Para capturar os bandoleiros, capture o rei deles.

Quando enfrentar uma oposição maciça, faça pontaria contra o líder principal.

19. Retire a lenha que está debaixo do pote.

Quando você não consegue enfrentar um adversário num confronto cara a cara, você ainda pode vencer minando os recursos e a disposição do inimigo.

20. Agite as águas para apanhar peixes.

Você usa a confusão em seu favor para tomar o que quer. Isso pode significar, especificamente, tirar proveito de uma perda geral ou específica de direção para reunir seguidores dentre os não comprometidos ou privados dos direitos civis.

21. A cigarra dourada muda de casca.

Isso significa deixar para trás as falsas aparências criadas para fins estratégicos. Assim como a casca da cigarra, a fachada permanece intacta, mas agora a verdadeira ação está em outro lugar.

22. Feche os portões para capturar os bandidos.

Você captura predadores invasores não os deixando escapar. Você não deixa que retornem a seu torrão natal com o que tiraram de você. Se escaparem, você não os perseguirá, pois assim cairá presa das conspirações do inimigo para vencê-lo.

23. Faça aliados a distância, ataque nas proximidades.

Quando você está mais vulnerável aos que estão próximos do que aos que estão distantes, você pode se defender mantendo os que o cercam em desequilíbrio e entrementes reduzindo o campo de manobras deles ao assegurar um círculo maior de alianças circundando-os.

24. Tome emprestado o direito de passagem para atacar o vizinho.

Você assegura o uso temporário dos recursos do outro lado para avançar contra um inimigo mútuo. Depois de usar esses recursos para vencer o inimigo, você então se volta e os usa contra o lado de quem os tomou emprestado.

25. Furte uma viga para substituir uma coluna.

Você tenta recrutar grandes talentos entre os aliados, induzindo-os a defenderem os seus interesses.

26. Aponte um para repreender o outro.

Você faz uma crítica indireta, deixando clara a sua opinião sem provocar um confronto.

27. Aparente ignorância sem enlouquecer.

Você aparenta estupidez e ignorância, mas evita falar livremente.

28. Deixe que eles subam ao telhado e então retire a escada.

Você leva os inimigos até um ponto de onde não podem retornar, atraindo-os com vantagens e oportunidades aparentes.

29. Faça as flores crescerem numa árvore.

Você fascina e ilude os olhos dos adversários com demonstrações espalhafatosas.

30. Transforme o convidado em anfitrião.

Isso acontece quando um negócio é assumido por um de seus próprios clientes ou consultores.

31. Conspire com as beldades.

Significa usar os atrativos das mulheres para influenciar as figuras-chave numa organização adversária.

32. Conspire com um castelo vazio.

Você parece mais fraco do que realmente é, de modo que os adversários possam derrotar a si mesmos devido a uma das três reações à sua suposta fraqueza: eles podem se tornar convencidos e complacentes, incorrendo na própria ruína; podem se tornar arrogantes e agressivos, trazendo a própria destruição; ou podem supor que você está preparando uma emboscada, fazendo-os fugir por sua própria vontade.

33. Conspire com agentes duplos.

Você compromete pessoas que detêm informações confidenciais de outras organizações para que trabalhem para você.

34. Conspire com ferimentos que você infligiu a si mesmo.

Esta é uma técnica específica para agentes secretos: você se faz de vítima de seu próprio povo para conquistar a simpatia e a confiança dos inimigos.

35. Conspire em círculos contínuos.

Quando enfrenta um inimigo muito poderoso, você não lhe faz oposição pela força e não concentra todos os seus recursos num só caminho estratégico; você mantém planos diferentes funcionando simultaneamente num esquema global.

36. É melhor fugir.

Quando estiver encurralado, não lute; entregue-se, chegue a um acordo ou fuja. Entregar-se significa a completa derrota; chegar a um acordo é meia derrota; fugir não é estar derrotado. Enquanto não for derrotado, você tem outra chance de vencer.

Bushidō e Cristianismo: Encruzilhada ética

Dois aspectos da cultura japonesa que atraem tradicionalmente comentários desfavoráveis dos ocidentais em praticamente todos os campos são as questões da razão e da ética. Grande parte dos escritos exaltados sobre esse tema parece resumir-se ao fato de que os japoneses têm sua própria razão e moralidade além daquilo que tomaram emprestado de outras culturas.

Pessoas diferentes dos japoneses em padrões de pensamento, crença e comportamento, e que também são incapazes de entendê-los nesses aspectos, freqüentemente escrevem que os japoneses não são sensatos nem éticos. Como praticamente todas as pessoas dizem isso de quase todas as outras quando existem discordâncias, por si só esse não é um fenômeno único.

No caso do Japão, provavelmente o que existe de mais incomparável nos últimos tempos é o fervor dessas denúncias. Escritores dessa tendência, seja nas esferas de ação missionária, comercial ou política, via de regra têm uma história de tentativas malogradas de convencer o povo japonês a adotar o que eles consideram sensato e ético. Como resultado, alguns japoneses também têm aprendido a dizer aos ocidentais, quando é conveniente para os seus propósitos, que por natureza não são um povo ético nem sensato.

Poderia parecer estranho essa tática funcionar como um atrativo, mas não é tão estranho quando ela é compreendida no contexto da "arte da vantagem", que acontece adequadamente *depois* que a moral da situação é determinada e, por conseguinte, sem um conteúdo ético além do objetivo da vitória por aquilo que foi considerado correto na ocasião.

Existem muitas obras na literatura que tratam desse tema, tanto no idioma japonês como nas línguas ocidentais. Grande parte destas últimas é bastante recente e acessível ao homem médio. Tudo o que pode ser acrescentado proveitosamente aqui é um resumo das raízes religiosas do Bushidō japonês e uma amostragem acessível ao japonês médio dos dias de hoje que deseja cultivá-las. Não são necessariamente descrições da "cultura japonesa" em geral, mas podem ser manifestadas em pessoas, organizações, políticas e comportamentos.

O clássico taoísta *Tao Te Ching* diz: "Os que sabem não generalizam; os que generalizam não sabem." Afirmar que certas idéias ou práticas comumente estão disponíveis não significa que sejam ativamente usadas em alguma proporção uniforme pelos japoneses em geral. Já existe uma grande variedade de diferenças qualitativas e quantitativas em cada uma das tradições originais; o mesmo acontece com o Bushidō e suas derivações na cultura japonesa. Há inúmeros pontos de contradição entre os próprios ensinamentos originais, bem como entre princípios religiosos e o uso habitual.

Então de novo as idéias filosóficas são notoriamente sujeitas a interpretações e aplicações variadas, o que amplia mais o espectro de influência que as religiões podem exercer sobre as sociedades, indo muito além de seu propósito original. Tomar as generalizações e os clichês a respeito da cultura japonesa por seu significado manifesto, ou tomá-los por sua capacidade de atração ou repulsão, pareceria acima de tudo um convite à derrota na arte da vantagem num plano realmente muito simplista.

Certamente, os mitos da dificuldade do idioma japonês e da impenetrabilidade do pensamento japonês contribuíram acima de tudo para a sua própria legitimidade. Contudo, se os fatos mais simples a respeito do idioma e da cultura fossem conhecidos, seria de conhecimento geral não apenas que esses mitos podem ser refutados pela ciência, mas também que sua criação e manutenção estão entre as trinta e seis estratégias clássicas descritas neste livro.

Poder-se-ia perguntar por que o Ocidente tem sido tão lento na compreensão das realidades do pensamento japonês, em comparação com o entusiasmo proverbial com o qual os japoneses se familiarizaram com os modos ocidentais. Poderia parecer que sempre existiram pessoas capazes de perceber ambos os caminhos, mas as percepções maciças de ambos os lados sempre foram fragmentadas e exageradas. A camuflagem de mistério e caricatura também fazem parte da arte da vantagem, incluída nas trinta e seus estratégias, *e não são apenas os japonese que as estão utilizando.*

As raízes originais da moralidade japonesa encontram-se no Xintó, termo geral para a religião nativa. Derivações comuns das fontes do Xintó são elementos da cultura japonesa como a limpeza e outros rituais domésticos; a crença nos espíritos, nas bênçãos e maldições; a espada e outros objetos de fetiche; o autoritarismo, o tribalismo, o racismo e o nacionalismo. O Xintó não é, como sempre se afirma, fundamentalmente uma forma de culto à natureza, embora envolva em parte a relação xintoísta com certos aspectos da natureza. Alguns elementos do Xintó são muito fortes no subconsciente japonês moderno, mas nenhuma adoração xintoísta da natureza impediu o Japão moderno de destruir, pilhar e poluir a natureza interna e externa da mesma maneira que as nações cristãs industrializadas.

Uma das características da prática Xintó comumente observadas é a ênfase nos favores deste mundo. As pessoas oram para evitar o desastre e chamar a fortuna, seja esta natural, humana ou divina. É costume dizer que a aristocracia japonesa adotou tão prontamente o Budismo tântrico porque sua adaptação a esse elemento permitiu-lhe assimilar o Xintó com mais facilidade. Os primeiros mestres zen tentaram romper com essa tendência materialista na religião japonesa, mas um importante mestre zen do século XIV ainda se queixava de que o Zen estava sendo arruinado pelas exigências de que os monges fizessem preces pelo sucesso e bem-estar de seus benfeitores samurais.

O primeiro mestre zen do Japão a escrever amplamente sobre o bem e o mal foi Dōgen Zenji (1200-1253), escritor inventivo e um dos mestres zen consultados por Hōjō Tokiyori, dirigente ilustre do primeiro xogunato central. Dōgen foi um dos mais inflexíveis entre os que rejeitaram o uso muito difundido do Budismo para o poder social, político e material e foi afastado da área da capital pelos problemas que criou. Em seu ensaio "Não Faça Nenhum Mal", um dos noventa e cinco capítulos de sua obra-prima *Shōbōgenzō,* Dōgen escreveu sobre a relatividade da moralidade convencional:

> Existem igualdades e diferenças entre os males nessa esfera e males em outras esferas; existem igualdades e diferenças entre épocas anteriores e posteriores.

O pensamento cristão tende a tornar absolutas estruturas particulares de bem e mal como leis de Deus; o pensamento budista lida com a relatividade do bem e do mal. Acredita-se ser esta uma razão para a flexibilidade da moralidade japonesa conforme é aplicada a situações de vida, em comparação às concepções ocidentais da ética originárias do dogma cristão.

Como budista, Dōgen escreve que bem e mal dependem das condições, incluindo a época, o local e as pessoas envolvidas. Segundo essa filosofia, o bem e o mal dependem do contexto global, sua existência e características específicas relativas a diferenças individuais nas experiências subjetivas e objetivas a esse respeito. Portanto, embora o mestre zen Dōgen tenha escrito amplamente a respeito da ética para o seu tempo, o princípio central da relatividade destaca-se na sua obra metafísica sobre as origens da moralidade. Sua maior realização filosófica nessa área foi, sem dúvida, a representação do contexto total do comportamento humano à luz do Budismo do Ornamento da Flor. Um dos exemplos mais tocantes é encontrado no ensaio *Shōbōgenzō*, intitulado "O Todo Funciona":

> A vida é como andar de barco: embora nesse barco você manobre a vela, o leme e o mastro, ainda assim o barco o leva, e você nada é sem o barco. Andando de barco, você mesmo é a causa de o barco ser um barco.
>
> Você deve atentar para esse ponto preciso. Nesse exato momento, o barco é o mundo. Até mesmo o céu, a água e o litoral tornaram-se todos circunstâncias do barco, diferentes das circunstâncias que não são o barco.
>
> Por esse motivo, a vida é a nossa razão de viver; é a vida que nos faz sermos nós mesmos.
>
> Ao andar de barco, mente e corpo, objeto e sujeito, são todos trabalho do barco. Toda a Terra e todo o espaço são ambos trabalho do barco. Nós que somos a vida, a vida que somos nós, são a mesma coisa.

Conquanto historicamente tenha sido, no mínimo, tão difícil para o Japão sustentar essa perspectiva em escala global quanto para outras civilizações altamente conscientes de si mesmas, conceitos universais paralelos, embora menos profundos, de relatividade ética, de restrição e interdependência pública são parte da vida cotidiana no Japão. Uma das metas reconhecidas para a educação no Japão pós-industrial é produzir a "pessoa internacional", aplicando o conceito budista original às necessidades do mundo contemporâneo.

Uma fonte do pensamento japonês mais popular do que qualquer texto zen pode ser encontrada na obra conhecida como *Tsurezuregusa*, na qual as raízes familiares dos sentimentos japoneses comuns são claramente expostas. Repleto de idéias budistas, confucionistas e taoístas, bem como de idéias japonesas nativas, esse livro é parte de um currículo de idioma japonês normal; por conseguinte, é muito mais aceito hoje do que qualquer escritura clássica ou obra religiosa sectária. Vez por outra, ele reflete diretamente as idéias e práticas japonesas hoje muito conhecidas no mundo moderno; outras vezes, anunciando crenças taoístas, budistas ou confucionistas, é profundamente crítico em relação ao uso habitual. Graças à natureza literária e exotérica da obra, o ponto de vista do autor é mais facilmente observável do que no caso de obras zen clássicas.

Como se sabe, a família é a sede tradicional da civilização e de suas instituições no Oriente. No seio da família é que a pessoa começa a ser instruída nos sentimentos que devem ser o vínculo entre ela e a sociedade e que se tornaram o cimento da própria sociedade. Enquanto o cristão recita a máxima "Honra teu pai e tua mãe" como um mandamento do Deus supremo, o japonês entende os sentimentos familiares como um dever racional inerente à natureza da sociedade. O autor de *Tsurezuregusa* ilustra esse sentido de íntima conexão entre a vida familiar e a condição da sociedade como um todo:

> Até mesmo as pessoas que parecem ignorantes vez por outra dizem coisas acertadas. Certa vez um temível guerreiro das regiões fronteiriças perguntou a um de seus companheiros: "Você tem filhos?" O homem disse que não. O primeiro guerreiro exclamou: "Então, você não compreende a vida. Você deve ser terrivelmente frio. Só quando se tem filhos é que se pode entender completamente a vida."
>
> Sem dúvida, isso é verdade. Não fora o amor humano, como poderia haver compaixão no coração de alguém como esse guerreiro? Até mesmo as pessoas desprovidas de qualquer sentido de dever para com seus pais saberão como eles se sentiram um dia quando elas mesmas tiverem filhos.
>
> As pessoas que se afastam da sociedade para se tornarem eremitas, livres das preocupações mundanas, cometem um erro ao desprezar as que têm laços e desejos mundanos e cultivam relações sociais. Considerando-se a questão do ponto de vista das pessoas com vínculos mundanos, é realmente lamentável — pelo bem de seus pais, cônjuges e filhos, eles esquecem até mesmo o que é vergonha e podem chegar até a roubar.
>
> Assim, em vez de prender os ladrões e apenas punir os crimes, seria preferível dirigir a sociedade de tal modo que as pessoas não tivessem fome nem frio.
>
> Quando as pessoas não têm um meio constante de subsistência, falta-lhes a estabilidade psicológica. Quando estão desesperadas, as

pessoas roubam. Quando a sociedade não está funcionando adequadamente e as pessoas têm fome e frio, não pode haver fim para o crime.

Muitos dos ensinamentos morais, cujos traços permanecem marcados nos sentimentos japoneses nas proporções mais variadas, tratam de relacionamentos e atitudes, em vez de atos isolados em si. O autor de *Tsurezuregusa* ressalta a origem emocional do sentimento moral, concluindo que o reconhecimento do sentimento humano precisa ser incorporado à estrutura lógica de uma discussão para a organização social racional.

No Japão contemporâneo reflete-se muito sobre as circunstâncias atenuantes em questões criminais. Quando o julgamento é prejudicado pelo consumo de álcool, por exemplo, ou por desespero extremo, isso é levado em consideração como fator real no curso dos acontecimentos. Portanto, não obstante as leis e medidas severas, a justiça criminal japonesa apresenta um certo grau de compreensão humana retratado nas obras clássicas.

Parte da crítica social apresentada no *Tsurezuregusa* também parece tão verídica hoje quanto na época em que foi escrita, séculos atrás. Um dos aparentes paradoxos da sociedade japonesa está no fato de que, enquanto praticamente todos os japoneses afirmam considerar-se pertencentes à classe média, ainda assim existe uma consciência da condição social difusa e compulsiva. Isso pode tornar-se tão forte que chega a ser quase insuportavelmente sufocante até mesmo para os que estão dispostos a preservá-la. Embora possa ser considerada uma relíquia de épocas passadas, sua existência e conseqüências são bastante reais. *Tsurezuregusa* estuda esse problema ilustrando a superficialidade da preocupação com o *status* social, em comparação com os valores originais nos quais se baseia.

É desejável deixar uma reputação imperecível para a posteridade, mas, ainda que as pessoas tenham uma posição e um *status* social elevados, isso não significa necessariamente que sejam pessoas superiores. Até mesmo tolos e incompetentes podem ascender a cargos importantes e levar uma vida de luxo, se nascerem nas famílias certas e tiverem sorte. Existem muitas pessoas excelentes, dotadas de virtude e sabedoria, de condição social inferior e que nunca tiveram grandes oportunidades na vida.

A preocupação obsessiva com postos elevados é quase tão insensata quanto o desejo obsessivo de riqueza material. Conquanto seja desejável deixar atrás de si uma reputação ilustre e de sabedoria e sensibilidade, sob uma análise mais detida torna-se claro que o gosto por uma boa reputação é o prazer proporcionado pela fama. Entretanto, nem os que elogiam nem os que criticam permanecem no mundo, e os que ouvirem esses relatos também falecerão em breve. Assim, com quais opiniões a seu respeito você deve se preocupar?

Além disso, o elogio está na raiz da crítica. Não há vantagem em deixar um nome depois da morte. Assim, o desejo de fama é quase tão insensato quanto o desejo de *status* elevado.

Em contraste com a pretensão de aristocratas e guerreiros japoneses ambiciosos (em geral, bastante semelhantes aos aristocratas e guerreiros de todos os lugares), uma das virtudes graças à qual o povo japonês comum costuma ser elogiado é a qualidade da modéstia. Sua origem remonta ao Xintó místico, no qual o coração simples e honesto torna-se a morada sagrada do espírito. Ela é mais intelectualmente refinada no Budismo, onde constitui um mecanismo psicológico, um meio de assinalar a passagem da pessoa pela vida. Certas passagens de *Tsurezuregusa* sublinham os alicerces da modéstia do ponto de vista que combina sentimento e razão, incluindo a simplicidade do taoísta e a sofisticação do budista.

> Mais vale não fingir conhecer tudo a respeito de tudo. Ainda que de fato tenham conhecimento, as pessoas cultas não fazem publicidade desse fato. É o presunçoso que fala como se soubesse tudo. Mesmo que seja ilustre sob algum aspecto, considerar-se tão magnífico é inadequado. Mais vale não falar tanto sobre aquilo de que se tem conhecimento, só o fazendo quando for solicitado.

Quando pessoas ignorantes fazem avaliações de outras e pensam conhecer o que as outras conhecem, elas não podem estar certas. Por exemplo, quando uma pessoa desprovida de inteligência mas boa no xadrez vê pessoas inteligentes mas que não são boas no xadrez, pensa que essas pessoas não são tão espertas quanto ela. E quando vê pessoas habilidosas em todo tipo de arte mas que não sabem jogar xadrez, imagina-se melhor do que elas. Esse é um grande erro.

Anteriormente, na discussão sobre o caminho do guerreiro zen, observou-se que a atitude de seriedade é um dos exercícios psicológicos do Neoconfucionismo, sistema educacional que exerceu tremenda influência sobre a mente japonesa durante séculos de ortodoxia sob a lei samurai. Essa postura mental passou a formar uma das bases de determinado sentimento moral japonês, de acordo com o qual uma pessoa é menos julgada pelo conteúdo do encargo do que pela condição de seriedade, de profundidade da devoção e da concentração colocada em ação. Novamente o *Tsurezuregusa* reflete acerca do alicerce racional para a absorção nesse estado de espírito, do qual os japoneses são tão extraordinariamente capazes.

Em qualquer área de esforço, os especialistas são superiores aos diletantes, ainda que os especialistas não sejam tão talentosos quanto os diletantes. Isso porque os especialistas sempre levam sua arte a sério, enquanto os diletantes apenas praticam um passatempo.

Esse conceito não se aplica somente às artes. Em todas as atividades e atitudes, o sucesso baseia-se na seriedade de um só propósito, enquanto o fracasso baseia-se na excentricidade.

Uma extensão lógica dessa atitude aplicada às situações práticas gerou o que hoje se conhece como CQT, ou Controle de Qualidade Total, um dos traços característicos da superioridade japonesa na indústria. O *Tsurezuregusa* ilustra o raciocínio que está por trás do CQT com uma sinopse representativa, ensinando a aperfeiçoar o desempenho de uma arte:

Certa vez alguém que aprendia a arte de manejar o arco postou-se diante do alvo com duas flechas. O mestre disse: "Iniciantes não devem portar duas flechas, pois contar com a segunda flecha resulta em negligência com a primeira. A cada vez, determine que você resolverá a questão com apenas essa flecha, sem se preocupar se terá sucesso ou não."

Com apenas duas flechas, e na presença do mestre, seria realmente possível a negligência com uma flecha? Você pode não ter consciência de qualquer descuido da sua mente, mas um mestre sabe.

Essa advertência deve ser aplicada a tudo. Quando as pessoas praticam uma arte, sempre pensam que terão outra chance de tentar; portanto, não estão conscientes de um descuido da mente no momento. É muito difícil agir na imediação do momento presente.

Conquanto existam muitos aspectos individuais da civilização japonesa cujas raízes clássicas e cujo desenvolvimento histórico sejam relativamente claros e diretos, as reais condições da psicologia e cultura japonesas contemporâneas como um todo são um mosaico bastante complexo. Nele, cada elemento tem sua própria história de utilização, em geral bastante longa e complicada por séculos de mudança na aplicabilidade e utilização na vida da sociedade e de cada um de seus membros.

Uma das questões éticas mais delicadas no contexto do encontro entre o Bushidō japonês e o Cristianismo ocidental é o tema do assassínio. Como se sabe, tirar a vida é expressamente proibido no Budismo e no Cristianismo, com a única diferença de que o Budismo estende mais além a sua sanção, até os domínios limítrofes da vida, do que a religião mais antropocêntrica do Cristianismo.

No entanto, existe um fundamento lógico com base nas escrituras para o assassínio no Budismo, no Taoísmo e no Confucionismo, como quando um tirano malévolo é assassinado para salvar a vida de multidões. O Cristianismo também tem a sua própria versão da guerra santa, embora os detalhes de sua argumentação possam não ser exatamente os mesmos, considerando-se seu passado teológico específico. No Budismo tântrico existem até mesmo fórmulas mágicas criadas especificamente para aniquilar déspotas malévolos; alguns tradutores as retiraram das versões chinesas durante a dinastia Tang, mas os tantristas japoneses conseguiram recuperá-las assim mesmo, e raramente são associadas à justiça. Conquanto as únicas guerras budistas no antigo Japão fossem insurreições populares e operações de defesa pessoal, até hoje a imagem dos barões perversos com assassinos tântricos diabólicos a seu serviço permanece na imaginação popular através das novelas transmitidas pela tevê.

Nos séculos XII e XIII houve uma série de grandes movimentos de reforma entre os budistas japoneses. Foi quando surgiram escolas conhecidas como o Zen, o Shinshū e o Nichiren. Uma das principais características do Zen e do Shinshū primitivos era a rejeição à tendência materialista que o Budismo fora buscar no Xintó. O Mestre Nacional do século XIV, Musō Soseki, um dos mais renomados zen-budistas de todos os tempos, foi talvez o que chegou mais perto em sua crítica à prece para conseguir benefícios. Conselheiro de um dos co-fundadores do segundo xogunato, Musō também desaprovou o uso da justificativa como substituto para a justiça na aplicação do princípio da guerra justa. Em seu famoso livro *Muchū Mondō*, ainda um dos clássicos mais acessíveis do Zen, Musō diz ao irmão do xogum:

> O fato de você agora ser considerado pelas multidões como um líder militar é inteiramente o resultado de virtudes passadas. No entanto, ainda existem pessoas que lhe fazem oposição, e poucos vassalos seus seguem a sua orientação desinteressadamente. Quando percebo isso, parece-me que ainda existia alguma deficiência nas boas causas do seu passado. Então, como se pode dizer que você está agindo corretamente agora?
>
> Se comparar suas proezas criminosas com suas virtudes, quais você acha que são mais numerosas? E quantas pessoas você destruiu como inimigos? Para onde vão as famílias e dependentes que sobre-

viveram? E não apenas a morte de inimigos, mas também a morte de seus aliados na guerra, são todos pecados seus.

No mínimo, é preciso admirar a coragem de Musō, dirigindo-se a um guerreiro dessa maneira, quanto mais sendo o próprio irmão do xogum. Mestre Nacional ou não, ele não tinha nenhum tipo de garantia de que o desagrado do xogunato não resultaria direta ou indiretamente em morte ou exílio. Segundo o livro budista, *Ornamento da Flor*, uma das principais fontes clássicas do Zen, esse é o tipo de coragem característica que aflora no estágio da iluminação conhecido como Intensa Alegria.

Evidentemente, havia conselheiros militares e políticos insatisfeitos com as obras devotas e caridosas do novo governo. Esse é um tema comum na política asiática. Outros guerreiros famosos e construtores do império na Índia e na China são bastante conhecidos por se terem tornado budistas fervorosos, para expiar seus pecados depois das guerras sangrentas de conquista, cujos resultados foram variados.

Fenômeno semelhante ainda acontece na esfera da guerra corporativa e em outras formas de competição e conflito. Também na esfera da política e da economia internacional, recentes aumentos na ajuda estrangeira do Japão são interpretados publicamente em termos éticos paralelos.

Talvez nenhum fenômeno marque mais distintamente a lacuna ideológica que existe entre o Japão e o Ocidente do que o fato de um número muito pequeno de japoneses ter se convertido ao Cristianismo, não obstante mais de um século de obra missionária. Se os xoguns não tivessem se voltado contra o Cristianismo, não o tivessem reprimido em fins do século XVI e começo do século XVII, a história poderia ter sido muito diferente.

Contudo, quando perceberam que as ambições políticas e econômicas européias vieram junto com as missões cristãs, os xoguns pareceram sentir que então não tinham escolha senão rejeitar as propostas ocidentais. Entre os documentos mais insólitos e informativos desse processo encontra-se um tratado escrito por Suzuki Shōsan por ordem do xogum para refutar a doutrina cristã, seguindo o exemplo de uma insurreição violentamente esmagada pelos japoneses cristãos.

Esse tratado notável, na verdade bem mais inteligente do que muitas obras antiocidentais, não é mera polêmica e não é mais severo do que a crítica de Suzuki ao Budismo decadente do seu tempo. Ele reflete o assombro ante a fragilidade da doutrina cristã em comparação com a extensão do pensamento budista, reflete surpresa ante a imprudência e o fanatismo dos missionários e execra o que é tido como imperialismo mental e material. Como uma das primeiras obras sobre as relações exteriores japonesas pré-modernas, ele tem inestimável valor como documento político e também como tratado religioso. Vários ensaios estão traduzidos a seguir, sendo de particular interesse por refletirem como portugueses e japoneses se julgavam uns aos outros, bem como por ilustrar a reação japonesa à pressão estrangeira.

1. De acordo com o que eu ouvi do ensinamento cristão, existe um grande Buda chamado Deus, que é o único Buda, mestre do universo e senhor de tudo. Esse é o criador do Universo e de todos os seres. Esse Buda veio ao mundo em alguma terra estrangeira para salvar as pessoas há seiscentos anos. Chamava-se Jesus Cristo. Dizem que outros países, desconhecendo esse fato, reverenciam o inútil Amida Buda e Gautama Buda, cúmulo da insensatez.

Refutação: Se Deus, como mestre do universo, criou todas as terras e todos os seres, por que Ele até agora abandonou inúmeras nações, não aparecendo entre elas?

Desde que céu e terra foram abertos, os budas do passado, do presente e do futuro surgiram repetidas vezes para libertar os seres. Há quantas centenas de milhões de anos você diria que isso vem acontecendo? Que provas existem para afirmar que Deus nunca apareceu em outros países durante todo esse tempo e apenas recentemente apareceu em algum país?

Se Deus é o mestre do universo, certamente ele está fazendo um trabalho desleixado ao permitir que uma infinidade de nações criadas por ele sejam tomadas por budas subsidiários, ao tolerar que disseminem seus ensinamentos para libertar os seres desde que o céu e a terra se abriram. Esse Deus, na verdade, é um buda insensato.

Ademais, dizem que Jesus Cristo veio ao mundo e foi crucificado por homens comuns do mundo terreno. Esse é o mestre do universo? Como algo pode ser tão ilógico?

Os cristãos não conhecem o estado iluminado unificado de real semelhança com a consciência original. Em sua ignorância, tomaram um buda para adorar. Seu erro ao vir a este país para difundir ensinamentos diabólicos e princípios falsos não pode evitar o castigo da Providência.

Existem muitas pessoas ignorantes que não podem compreender lógica tão simples e desperdiçam a vida reverenciando esse ensinamento. Não é uma desgraça nacional? Sem ousar mencionar as conseqüências para a nossa reputação internacional.

Embora atualmente o Budismo, vez por outra, seja citado como uma religião japonesa, na verdade, no fundo, ele é transnacional. Existe uma diferença notável entre o Budismo japonês e o Cristianismo europeu, qual seja: o primeiro não tem o mesmo vínculo emocional com a vida do Buda histórico que o último tem com o nascimento de Cristo. No Budismo Mahayana, o aparecimento de um buda vivo não é considerado um acontecimento histórico único, como o é o aparecimento do Cristo para os cristãos, mas sim uma possibilidade infinita e onipresente que é representada de acordo com as circunstâncias. Um buda era considerado um reflexo, ou um espelho, de verdades eternas às quais todos podiam aspirar. A atitude do Zen-budismo em particular foi resumida em declaração clássica de um mestre chinês que havia estudado na mesma fonte dos budas.

Um ponto de semelhança histórica entre Budismo e Cristianismo foi a ruptura com o tribalismo de suas culturas originais, o Hinduísmo e o Judaísmo. Não mais vinculados à família e à nação, o Budismo e o Cristianismo partilham desde a antigüidade uma perspectiva universal que transcende a identidade racial, nacional e cultural. Dito isso, contudo, temos de acrescentar que o hábito de vencer pelo próprio esforço é tão forte em toda parte que novas formas de pseudotribalismo de fato emergiram, tanto no Budismo japonês como no Cristianismo europeu, centradas em torno de seus vários patriarcas, evangelhos, igrejas, escolas e seitas.

Na época em que Suzuki Shōsan escreveu seu tratado anticristão, os elementos pseudotribais do Budismo e do Cristianismo eram especialmente fortes devido à sua relação com os fatos políticos, econômicos e da vida. Suspeitava-se que os missionários cristãos apoiavam os interesses coloniais europeus, e até mesmo os envolvidos apenas com a propagação do Evangelho não estavam interessados em aprender nada do Budismo que não servisse a seus propósitos. O governo militar japonês não queria muitas influências estrangeiras nem órgãos para atuar em solo japonês, não no ritmo deles.

Os budistas, por seu lado, de modo geral, gozavam de relações cordiais com uma ampla variedade de seitas, incluindo as filiadas ao Xintó. Algumas dessas igrejas usavam doutrinas e práticas tão diferentes no que diz respeito aos aspectos externos quanto as espécies mais variadas até mesmo do Budismo e do Cristianismo. No entanto, o conceito budista de oportunidade foi suficientemente racional para conciliar todas elas. Portanto, ficaram consternados com a agressividade e o dogmatismo dos missionários cristãos europeus, sobretudo levando-se em conta o fato de que aquela que parecia ser a sua doutrina — um Deus local que afirmava governar o mundo — afigurava-se bastante insignificante para os budistas mahayana.

O que não quer dizer que os jesuítas não possuíssem armas intelectuais maiores do que as usadas para converter párias, camponeses e negociantes. Contudo, de modo geral, pareciam considerar os japoneses pagãos ainda na Idade Média no começo do século XVII, com os quais não adiantava discutir a *Summa Theo-*

logica. De todo modo, seu conhecimento do Budismo não teria sido suficiente para a finalidade de "igualar significados" com os mestres zen japoneses. Acima de tudo, os aspectos intelectuais e políticos do relacionamento entre as culturas igualavam-se estreitamente na experiência subjetiva e objetiva de ambos os lados.

Para a liderança japonesa, bastava sentir que ali estavam pessoas em nada melhores do que qualquer outra que apresentavam alguma história de como os japoneses deveriam deixar que a Europa assumisse o comando em nome de Deus, que não era melhor do que o Deus de qualquer outra pessoa. O ressentimento do lado japonês assemelhou-se ao sentido por outras nações mais tarde, quando os militaristas japoneses xintó disseram-lhes que deveriam deixar que o Japão supervisionasse seus negócios, e ainda ao sentido por outros quando os xintoístas militaristas declararam o destino japonês de liderança mundial, recebido por herança direta da Deusa do Sol, agora elevada à condição de divindade suprema.

Na visão transcultural budista, é impossível ser bem-sucedido assim. Embora seu dever patriótico seja refutar a doutrina cristã, Shōsan utiliza harmoniosamente essa atribuição como uma oportunidade para ensinar algo também sobre o Budismo. De sua comparação da imponência supranacional do salvacionismo budista com a frente missionária globalmente politizada do Cristianismo, Shōsan se volta para a incrível sutileza do ensinamento tácito do Zen, em contraste com a linha doutrinária dos cristãos. Em primeiro lugar, os conceitos cósmicos do Budismo Mahayana e do Cristianismo foram comparados; agora a própria psicologia do dogmatismo é exposta à lâmina zen.

> 2. A intenção fundamental do aparecimento no mundo de budas do passado, do presente e do futuro é conduzir os seres diretamente à iluminação. Portanto, diz-se que eles "apontam direto para a mente das pessoas, de modo que percebam sua essência e alcancem o despertar".
>
> Quando Gautama Buda veio ao mundo, depois que os efeitos acumulados de doze anos de práticas difíceis e árduas haviam se

estabelecido, no oitavo dia do último mês do ano ele compreendeu o padrão das verdadeiras características de todas as coisas ao ver a estrela da manhã. Depois disso, ele abandonou as montanhas.

Mais tarde, quando terminou os discursos nos quais se baseiam as escrituras, Buda ergueu uma flor para mostrar aos que estavam ali reunidos. Agora todos estavam em silêncio. Apenas o santo Kasyapa sorriu. O Buda disse: "Tenho um tesouro de olhos da verdade e a mente sutil do nirvana. As características reais são indefiníveis; ensinamentos sutis não dependem de palavras, mas são transmitidos em separado fora da doutrina. Disso encarrego Kasyapa."

O ensinamento foi transmitido por Kasyapa de sucessor a sucessor e finalmente chegou ao Japão, onde o princípio de comunicação de mente para mente continua a ser preservado.

Por outro lado, o que os cristãos ensinam concentra-se tão-somente numa visão da realidade da existência, o que incrementa pensamentos, preocupações e emoções conscientes, levando-os a engendrar um "criador do universo", reforçando assim os hábitos que os fazem girar em torno das rotinas mundanas, acreditando ao mesmo tempo ser esse o caminho da iluminação.

Para eles, chegar a este país e tentar contrapor ensinamentos autênticos a idéias e interpretações tão estúpidas é como um pardal desafiando uma ave gigantesca, ou como um vaga-lume falando da luz para a lua.

Esse ensaio começa com o tradicional mito zen da descoberta da comunicação extradimensional do Zen por Buda a um de seus principais discípulos, o santo Kasyapa, o mais velho. A história ilustra o ensinamento budista de que as formulações da doutrina constituem recursos provisórios destinados a suscitar percepções especiais, não para serem elevadas a verdades absolutas. Todos estão conscientes de que as impressões e sentimentos puramente subjetivos não podem ser transmitidos com exatidão em palavras; o ensinamento zen leva isso ao limite, insistindo que a experiência da mente esclarecida não pode ser compreendida apenas através de descrições de procedimentos ou resultados, mas precisa ser confirmada pela experiência direta.

Embora esse ponto seja fortemente enfatizado no Zen na medida em que representa o ensinamento tácito, na verdade ele não é exclusivo do Zen, mas é parte da tradição budista das escrituras, tendo sido enfatizado pelos mestres zen a fim de contrapor os apegos psicológicos e políticos aos aspectos externos do dogma e das crenças, fixações que ocultavam de suas vítimas o significado subjacente das formas e recriavam sentimentos diretamente contrários ao propósito original do Budismo. A religião tornou-se politizada através desses sentimentos, pois a luta sectária não poderia existir sem a conexão entre os interesses territoriais e particulares e as questões do dogma, da crença e do ritual.

Em contraste com a transmissão formal da doutrina, o Zen enfatizou a comunicação "mente a mente" do inefável. Entretanto, isso não significa algo como a telepatia mental, da forma como é imaginada habitualmente. Na doutrina zen chinesa primitiva, o reconhecimento mente a mente é comparado a dois espelhos refletindo um ao outro sem a imagem interposta. Existe também um mecanismo zen conhecido como o encontro de mentes numa área específica, que poderia ser abstrata ou concreta e, via de regra, é representada abertamente apenas por um símbolo, conquanto essa prática tenha acabado por incorrer no mesmo padrão involutivo, como afirma o teorista.

O termo "transmissão mente a mente" (*i shin den shin*) acabou tornando-se popularmente usado no Japão graças à difusão do Zen e passou a ser usado em várias artes para se referir a um elemento extra, fora das estruturas formais, que só ganha consciência e vida através da experiência consciente. Vez por outra, o seu uso também pode ser mais popular, para descrever as coincidências de percepção ou pensamento que parecem ser mais precisas do que o costume poderia predizer. O significado original do Zen, contudo, é alguma coisa muito precisa e clara: a comunicação do Zen mente a mente pela experiência objetiva.

A atitude cristã da qual discorda o mestre zen aqui é a fixação em suposições a respeito da realidade da existência, não apenas como essência do dogma, mas como força motivadora do pensamento dogmático. A metafísica budista é mais complicada do que uma simples distinção entre existência e não-existência, ou entre realidade e irrealidade; assim Shōsan não se opõe apenas ao realismo cristão por motivos filosóficos. O Budismo trata das conseqüências psicológicas de conceitos metafísicos como atitudes de vida, e a crítica do realismo ingênuo da mente materialista na Europa, aqui apresentada por Shōsan, é não apenas caracteristicamente anticristã, mas também direcionada tradicionalmente para outras filosofias asiáticas, como o Confucionismo.

Ironicamente, a explicação de Shōsan para o impulso de "criar um Criador" como meio de administrar as inquietações produzidas por essa tendência mental é fundamentalmente igual à usada por um dos mais ilustres promotores do Cristianismo no século XX, o psicanalista suíço Carl Jung. Conquanto ele tenha proclamado sua oposição ao autoritarismo arrogante na religião, Jung não retirou de sua argumentação psicológica a conclusão de que as suposições metafísicas podiam ser modificadas tão prontamente quanto os fatos psíquicos habitualmente associados a elas.

O mestre zen Shōsan, ao contrário, chama a atenção para a disparidade profunda que existe entre a mente aberta da iluminação budista e a mente fechada do dogmatismo cristão missionário. As metáforas do pardal e do pássaro gigantesco, e do vaga-lume e da lua, são imagens taoístas ancestrais usadas para criticar os filósofos políticos confucionistas mundanos e materialistas, com seu sistema fixo de racionalizações. Os taoístas tinham perspectivas muito mais amplas sobre a vida do que os confucionistas mais rígidos e hipócritas. Tanto metafísica quanto psicologicamente, os taoístas acreditavam que o ser provém do não-ser, enquanto os confucionistas acreditavam no ser preexistente. Assim, os zen-budistas, herdeiros do pensamento taoísta, puderam perceber facilmente os mesmos padrões em sua relação espiritual e intelectual com o cristianismo missionário e doutrinário.

O próximo ensaio também utiliza os fundamentos lógicos budistas tradicionais, dessa vez em defesa da religião japonesa nativa.

3. Ouço-os dizerem que é errado louvar os espíritos (*kami*), e que só o fazemos porque não conhecemos Deus.

Refutação: O Japão é o país do espírito. Nascer no país do espírito e não louvar a luminescência do espírito seria uma impropriedade máxima.

Diz-se que a harmonização entre espírito e matéria começa com a formação da afinidade, enquanto o completo advento da iluminação sob todos os aspectos consuma a salvação dos seres. Portanto, a aparência anterior (dos budas) como espíritos, causando impacto neste país, constituiu um recurso para suavizar os corações das pessoas e introduzi-las no Caminho real.

A única diferença entre os espíritos e Buda é a mesma que existe entre as ondas e a água. O estado iluminado unificado de verdadeira semelhança com a consciência fundamental parece temporariamente de acordo com as mentes das pessoas para libertá-las. Por conseguinte, a atitude de respeito pelos espíritos é também um gesto de gratidão para com esse estado iluminado unificado.

Por exemplo, quando você respeita o governante de uma nação, constitui um princípio estabelecido respeitar toda a hierarquia do governo e da sociedade. Tudo isso por respeito àquele que está no topo. Na verdade, os cristãos não ensinam que é correto respeitar o governante que está no topo e não ter respeito por aqueles que estão abaixo dele?

Kūkai, o primeiro gigante budista e herói cultural japonês, havia fomentado a idéia de que as divindades nativas constituíam reflexos locais de verdades mais cósmicas, agora representadas por budas. As divindades foram absorvidas pelo budismo como auxiliares, guardiães ou mesmo seres iluminadores, manifestações dos princípios cósmicos em ação. Essa idéia está bem desenvolvida no livro budista *Ornamento da Flor* (*Kegon*), trazida por Kūkai da China para o Japão. O mesmo mecanismo sincrético também foi usado pelo Budismo em outras culturas da antiga Ásia.

Aqui Shōsan oferece a interpretação psicológica, como costumavam fazer os zenistas, explicando o significado das divindades segundo o efeito causado pela sua crença na mente dos fiéis. O ensaio acaba abruptamente com a nota inesperada na qual uma metáfora assume praticamente a condição do tópico principal.

No ensaio de Shōsan, a experiência central da iluminação budista e a atitude de atenção reverente a um pensamento superior estão simbolizadas na forma xintó-confucionista, segundo o costume em encontros políticos, e são representadas como uma ordem social e a sede do poder. Essa questão pode ser incompreensível para os cristãos, que pensam em termos teológicos e não políticos, mas Shōsan sugere que a extensão lógica do monoteísmo pregado pelos missionários subverteria a ordem social japonesa, daria um caráter absoluto a uma fonte de autoridade sem reconhecer nenhum outro intermediário. Isso trouxe o caos para a mente habituada à hierarquia. Shōsan sem dúvida não estava informado de que os cristãos tinham seus próprios cultos de santos e evangelhos com suas idéias e instituições correspondentes de reis e aristocracias reivindicando direitos divinos.

O ensaio seguinte também é xintoísta, ampliando a idéia da divindade para o mundo natural. A influência do Taoísmo através do Neoconfucionismo e do Zen também é evidente. A relação xintoísta da humanidade com o meio ambiente acontece através de um sentimento de gratidão para com o mundo da energia e da matéria, tanto quanto *em defesa* desse mundo; a relação cristã ocidental baseia-se mais num tipo de gratidão *em defesa do* mundo material e não *a* esse mundo material.

Em conseqüência da parcialidade do modo de gratidão cristão, o ocidental não sofreu problemas de consciência com a idéia da exploração máxima da natureza até que o dano causado tornou-se tão grande que chegou a parecer ameaçador e, assim, reativou o instinto primário de vida, a própria percepção sobre a qual se baseia originalmente a essência espiritual abstrata do Xintó. Conquanto tenha encontrado a vanguarda da evolução tecnológica ocidental numa forma relativamente primitiva, Shōsan já sentia uma contradição nos fundamentos racionais do seu sentimento moral.

4. Ouço dizer que a veneração dos japoneses pelo sol e pela lua é errada; que são luzes para o mundo e que essa veneração também se deve ao nosso desconhecimento de Deus.

Refutação: O corpo humano compõe-se de uma combinação de elementos fundamentados na energia passiva e na energia ativa. O sol é a personificação da energia ativa; a lua, a personificação da energia passiva. Como se pode manter o corpo sem essas energias? Como essas são as nossas raízes, jamais poderemos reverenciá-las o bastante. Se você acha que as energias ativa e passiva são inúteis, então não use água nem fogo.

As bênçãos do sol e da lua no céu, iluminando o mundo, mal podem ser retribuídas. As pessoas têm dois olhos que as iluminam; não estão impregnadas pelas virtudes do sol e da lua? Se afirmam que é inútil honrar o sol e a lua, nesse caso os cristãos manterão os olhos fechados? Essa é a ignorância cristã do raciocínio correto. É realmente uma estupidez.

Sofrendo a pressão do materialismo ocidental, a indústria japonesa também tornou-se prejudicial e destrutiva para o meio ambiente local e global, deixando assim perder-se o significado do Xintó conforme expressa esse ensaio. Por esse mesmo motivo, o Xintó racionalizado do mestre zen Shōsan, conquanto pareça simples e ingênuo, não tem um significado menos profundo para o futuro da cultura mundial hoje do que por ocasião da criação desse tratado no século XVII, quando a Europa Ocidental começava a abrir a caixa de Pandora da tecnologia industrial avançada, colocada nas mãos de homens que não acreditavam mais que o mundo natural estava repleto de espíritos que deviam receber respeito e gratidão. O mundo pagão antigo agora é habitado apenas pela matéria inanimada e pela força e passou a ser explorado e vendido da maneira mais lucrativa possível.

O racionalismo e a evolução tecnológica foram popularmente associados ao Cristianismo no Japão ocidentalizado do século XIX, quando se retomaram as relações políticas e a atividade missionária depois da dissolução do xogunato feudal, mas o Cristianismo apresentado ao público japonês do século XVII fez uso mais liberal do sobrenatural do que as histórias milagrosas e mecânicas.

Talvez os jesuítas tenham imaginado que o lado xintoísta da psique japonesa estaria interessado nesse tipo de coisa, mas pelo menos nas mãos de Shōsan a presença de muitas histórias semelhantes nas tradições japonesas nativas reverte contra o Cristianismo missionário. O Budismo há muito havia relegado o sobrenatural à condição de verdade relativa e não lhe atribuía a relação imaginada com a verdade absoluta projetada pela mente do realista ingênuo confrontada com o inexplicável mas inegável. Em resposta às histórias de milagres cristãos, escreve Shōsan:

> 5. Ouvi dizer que os cristãos costumam venerar coisas prodigiosas e atribuem-nas à glória de Deus. Eles fabricam todo tipo de artimanha para os tolos.
>
> Se os prodígios tivessem valor, o rei dos impostores devia ser venerado. Neste país, raposas e texugos também fazem prodígios.
>
> Diz-se que, por ocasião da luta do rei Indra com o rei dos titãs, o titã foi derrotado e levou seus 84 mil adeptos para se esconderem na abertura de um filamento de lótus. Você também admira esse tipo de prodígio?
>
> Os seis poderes psíquicos são a clarividência, a clariaudiência, a comunicação com outras mentes, a consciência das vidas passadas, a viagem parapsíquica e o conhecimento do fim da perda psicológica. Os cinco primeiros também são encontrados em mestres do mesmerismo e nas religiões não liberadas. O poder de conhecer o fim da perda psicológica, entretanto, está além do mesmerismo e da religião não liberada; é no conhecimento consciente que terminam todas as aflições psicológicas.
>
> Nada há de prodigioso, portanto, nos seis poderes de um buda. Por isso se diz que não existem prodígios no Budismo. Os que não

conhecem esse princípio podem ser enganados pelo mesmerismo e pela religião não liberada.

Os seis poderes de um iluminado são o poder de ver as formas sem ser bloqueado, de ouvir sons sem ser bloqueado, de sentir cheiros sem ser bloqueado, de sentir sabores sem ser bloqueado, de sentir coisas sem ser bloqueado, de estar na esfera dos fenômenos sem tocar o que quer que seja, como um reflexo num espelho.

Quando a mente forma uma coisa só com o espaço, chama-se a pessoa de um viandante livre com os seis poderes. Uma escritura diz: "É ainda melhor ceder a um só viandante despercebido do que a todos os budas do passado, do presente e do futuro." As pessoas que praticam o Caminho do Buda estudam esse caminho. Elas não têm maior utilidade para prodígios.

Embora seja verdade que alguns mestres zen ficaram conhecidos por seus poderes sobrenaturais, como a previsão e a leitura do pensamento, a política geral consistia em ocultar essas coisas devido às reações exageradas de cobiça e medo que facilmente suscitavam. A descrição feita por Shōsan dos "seis poderes de um iluminado" é retirada diretamente da *Crônica de Rinzai*, clássico zen chinês que influenciou as escolas rinzai-zen japonesas. As escolas rinzai foram as mais favorecidas pelos samurais interessados no Zen, razão pela qual esse livro sobre o fundador chinês tem muito prestígio na tradição zen japonesa.

Essa abordagem dos "poderes sobrenaturais" debilita a própria questão de uma discussão sobre a existência ou não desses poderes por dois motivos. Primeiro, sua premissa subjacente é a de que a consciência é, por si só, um milagre inconcebível; na análise final, não sabemos realmente como estamos conscientes, mas estamos. Em segundo lugar, a atitude zen em relação ao sobrenatural começa tratando de uma questão mais primordial, a clareza e a objetividade mental necessárias para uma compreensão sensata de toda a questão e suas implicações práticas na vida humana.

Um aspecto do pensamento xintó e budista que até recentemente pareceu aos olhos ocidentais situar-se na fronteira entre o natural e o sobrenatural, ou do racional e do irracional, é a consciência do parentesco do homem com animais e plantas. Esse parentesco freqüentemente faz lembrar aos cristãos o paganismo e a feitiçaria, aos quais a Igreja se opunha em todos os seus territórios europeus e nas colônias do Novo Mundo.

Para os budistas do Extremo Oriente, por outro lado, afigurava-se muito subjetivo e arbitrário acreditar, como aparentemente acontecia com os cristãos, que os seres humanos detinham as únicas almas verdadeiras entre os seres vivos. Esse foi o passo lógico para afirmar que não havia espíritos vivos no mundo natural, mas não convenceu aqueles que não perceberam o sentido da premissa original inicialmente. Há pouco, a crescente percepção da crise ecológica no Ocidente tem conferido renovada respeitabilidade a esses sentimentos xintó-budistas de continuidade, pelo menos em função de suas implicações psicológicas no relacionamento das tecnologias humanas com a vida em geral.

O mestre zen Shōsan traz à luz o contraste que existe entre os conceitos japoneses e os europeus acerca da diferença entre as almas animais e humanas postulada pela crença cristã, mas ele não insiste nessa questão específica. Ao contrário, o tema leva ao questionamento da doutrina cristã acerca da eternidade da alma humana, argumentação que está por trás da criação de almas imorais que poderiam ser más e, por conseguinte, condenadas ao sofrimento eterno. A idéia de compaixão é tão fundamental no Budismo que o julgamento cristão pareceu cruel e impiedoso. Shōsan compara a idéia cristã da alma com a de um sistema hindu, por ele considerado superior ao Cristianismo mas inferior ao Budismo.

> 6. Segundo o que tenho ouvido, os cristãos afirmam que os animais não têm uma verdadeira alma e que, portanto, suas almas morrem por ocasião da morte de seus corpos. Os seres humanos, por outro lado, acrescentaram a si próprios uma alma verdadeira criada por Deus. Assim, mesmo quando seus corpos morrem, suas almas não morrem: dependendo de suas ações boas ou más nesta vida, elas sentirão dor ou prazer. Para os que realizaram boas ações, Deus criou

um mundo de prazer infinito, chamado Paraíso, para onde envia essas almas. Para os que realizaram más ações, Deus criou um mundo de sofrimento chamado Inferno, para onde envia essas almas para torturá-las.

Se ele criou almas diferentes nos animais e nos seres humanos, por que também cria mentes más na alma dos seres humanos e as lança no inferno? Se isso é fato, significa que a danação humana é inteiramente obra de Deus.

Quando Gautama Buda surgiu no mundo, a religião e a filosofia não libertada floresciam na Índia. Eles possuíam um enorme conhecimento e propunham toda espécie de percepção. Parte de sua lógica assemelhava-se à de Buda mas, enquanto seus próprios olhos não estivessem límpidos, tudo não passaria de conversa.

A filosofia Sankhya estabeleceu vinte e cinco realidades, com as quais se definia tudo no mundo. A primeira realidade foi chamada de realidade não-conhecida. Embora tenha ocorrido antes da divisão entre céu e terra, e não na esfera do bem e do mal, inacessível à sensação, à percepção ou à cognição, e portanto impossível de receber um nome realmente, ainda assim é chamada de não-conhecida. Essa realidade não-conhecida é eterna, não é afetada pelo nascimento, pela existência, pela mudança e pela extinção.

A vigésima quinta realidade é chamada de realidade do ser espiritual. É chamada de mente do homem mortal, a que chamamos de espírito ou alma. Diz-se também que é eterna.

Entre essas duas realidades eternas existem vinte e três outras realidades, que são aspectos das mudanças do mundo, tais como o bem e o mal, a sorte e a calamidade. Estes são chamados de fenômenos compostos.

Quando o ser espiritual produz aspectos diferenciados, a realidade não-conhecida transmuta-se para manifestar suas formas; por conseguinte, as mudanças na composição do mundo devem-se ao surgimento de sentimentos no ser espiritual. Quando o ser espiritual não provoca sentimentos e retorna à realidade não-conhecida, a transformação de fenômenos compostos cessa para sempre, e a bem-aventurança do incriado é realizada espontaneamente. Dizem que, embora o corpo físico degenere e morra, o ser espiritual não perece, assim como o proprietário de uma casa parte quando a casa é arrasada pelo fogo.

Filósofos com visões semelhantes a essa expuseram vários sistemas de raciocínio, mas quando afinal defrontaram com o Buda, compreenderam sua própria essência diretamente e todos se tornaram discípulos de Buda. Ora, esses cristãos nem sequer se aproximam do nível dos hindus não libertados; no entanto, eles acreditam que a doutrina que professam é a verdade. De fato, são rãs num poço [que não conhecem a verdadeira amplidão do céu].

A idéia de recompensas e castigos numa vida futura não era de todo estranha para os budistas japoneses. O que eles não conheciam era a finalidade última da recompensa ou da punição. O modelo linear do tempo cristão, em que uma alma tinha uma chance de salvação ou de danação eterna na Terra, contrastava fortemente com o modelo circular do tempo budista, que levava em conta uma visão transpessoal e transgeracional do destino humano.

Na visão budista, havia uma possibilidade maior de oportunidades de salvação de um destino mau para a alma fora do caminho certo do que a religião dogmática de ameaças e promessas que os missionários portugueses pareciam oferecer. Portanto, Shōsan novamente conclui acusando os cristãos de fanatismo intolerante, utilizando a conhecida imagem taoísta da rã que, no fundo de um poço, acredita que a abertura do poço representa toda a extensão do céu.

No ensaio final, Shōsan desce às raízes políticas de toda a polêmica entre os cristãos europeus e os japoneses xintó-budistas. Ele retrata a frente missionária como perniciosa e falaz, mas também acusa os adeptos japoneses de dar-lhes poderes. Shōsan condena os mártires cristãos japoneses tanto quanto os japoneses modernos que dizem: *Damasareta hō ga warui* ("Os iludidos estavam errados") quando as pessoas são enganadas — isto é, quando as pessoas foram convencidas a buscar inutilmente elevadas esperanças e, então, não só as perderam como, na pressa, também criaram muitos problemas para outras pessoas (*meiwaku o kaketa*) por conta de seus desejos.

7. Os Padres e sua classe, que aqui chegaram nos últimos anos, não temem o Caminho do Céu: forjando seu próprio Criador do Universo, têm destruído santuários xintó e templos budistas, gente tola com toda a espécie de fala inútil, como parte de um esquema por meio do qual Portugal assumirá o comando do Japão.

Bonzos gatunos cooperaram com eles, autodenominando-se Irmãos-Padres, e arrastando muitos outros. Eles disseram que os budas deste país não são budas, que o sol e a lua são matéria desprezível sem a luminescência espiritual. Seus crimes foram seriíssimos e não poderiam evitar o castigo dos céus, o castigo dos budas, o castigo dos espíritos e o castigo da humanidade. Todos foram enforcados e mortos.

Esse erro sufoca o peito daqueles que os seguiram. Não sei quantos milhares morreram. Isso foi causado pela magia, não se tratando, portanto, de uma sanção do nosso governo. Eles usurparam o Caminho do Céu, inventaram mentiras e levaram um número incontável de pessoas ao inferno. É evidente que, em última análise, acarretaram a própria destruição graças à maldade, à perversidade e à falta de escrúpulo de seus feitos.

Se esses Padres fossem verdadeiramente iluminados, exterminar um só deles significaria ser amaldiçoado pelo Caminho do Céu. Inúmeros cristãos têm sido executados neste país, mas qual é a maldição existente? Quantas vezes aqui vierem, enquanto existir o Caminho do Céu, eles certamente destruirão a si mesmos. Você deve conhecer a lógica desse fato.

Embora Shōsan conclua com um tom inegavelmente xintoísta a despeito do seu principal interesse budista, todavia este é representado como uma reação à agressão externa e não apenas como uma reação automática inspirada pela xenofobia. Na verdade, tamanha era a ameaça ocidental ao Japão, segundo a percepção do xogunato, que a Europa foi quase completamente expulsa do Japão — intelectualmente, comercialmente e politicamente — durante cerca de duzentos anos depois que Shōsan escreveu seu tratado anticristão, no século XVII. O sentimento japonês de opressão pela agressão das forças ocidentais não mudou com o modo como as relações foram reiniciadas no século XIX, por insistência dos Estados Unidos, que ameaçaram usar de força se as portas do Japão não fossem abertas ao comércio.

Não obstante as amplas diferenças, sob certos aspectos as relações entre o Japão e o Ocidente não estão muito mais evoluídas do que há cem anos, ou mesmo do que há trezentos anos. Isso está exemplificado pela persistente visão dos "lados" que se consideram hostis um ao outro e pelas estruturas de interação que emergem dessa visão. De um ponto de vista budista, não faz muito sentido pensar segundo as linhas convencionais da competição e do conflito internacional, quando não se trata de um povo ou de um sistema, mas de aliança entre a ignorância, a cobiça e a agressão, que constitui o mesmo problema em toda parte. Essa perspectiva pode mostrar-se como o único caminho viável para além da influência emocionalmente desestabilizadora do atual sentimento antinipônico no Ocidente, paralelo aos sentimentos antiocidentais no Japão.

O fio da navalha zen

Embora, sem dúvida, existam relações históricas entre o Zen-budismo e as artes marciais japonesas, sua ligação espiritual evidentemente nunca foi completa. A tentativa de usar a associação histórica para inspirar as artes marciais com a dignidade do Budismo pode muito bem constituir um exemplo perfeito da arte clássica de desorientação estratégica. Portanto, pode parecer estranho que, apesar da influência reconhecida do Zen sobre a cultura e a personalidade japonesas, praticamente não foi feita nenhuma análise crítica do Zen no Japão moderno.

Uma revisão da obra acadêmica e sectária sobre o Zen-budismo evidencia prontamente um fato central: a quantidade de informação direta sobre esse assunto é muito limitada e fragmentada. Além disso, essa lacuna de informação não existe apenas na esfera dos clássicos, mas também no que diz respeito àquilo que pode ser aprendido sobre o moderno Zen japonês de fontes bastante acessíveis, em que a barreira do idioma é consideravelmente menor do que a oferecida pelos clássicos. Não é difícil perceber para esse fato algumas razões que são visíveis na estreita esfera de ação das especializações sectárias e acadêmicas.

As razões políticas ou sociais para uma análise seletiva também podem lançar raízes em vários planos, de grupos de interesse especiais a políticas inconscientes na educação pública. Seja como for, barreiras para o conhecimento e a compreensão não existem, porque o ocidental médio não tem inteligência suficiente para compreender o Zen, o Japão ou o idioma japonês, ou porque o japonês médio não tem inteligência suficiente para compreender o Cristianismo, o Ocidente ou os idiomas ocidentais.

No momento, tornou-se no mínimo uma cortesia em voga dar a toda a humanidade crédito por determinado grau de inteligência básica, mas afigura-se imperativo examinar a questão para se saber se essa cortesia será usada para evitar ou para enfrentar todo o problema de ignorância, sua existência e atuação. Da perspectiva budista, esse problema é universal e existe em todos os aspectos dos limites de identidade cultural, racial e até mesmo pessoal. Portanto, é atacando a causa central do problema, e não lados específicos, que o método zen original de crítica social evoluiu a partir da política segundo esta era comumente entendida.

No sentido clássico, o Zen implicava ir além dos limites dos hábitos estreitos, tão rigidamente mantidos que as pessoas não podem mais usar o cérebro com que nasceram. Nesse sentido, em última análise, pouca diferença faz se a cultura é japonesa ou alemã, se é inglesa ou americana, ou qualquer outra. A questão zen é: por que sentimos a necessidade de nos agarrarmos automaticamente a essas supostas limitações do pensamento? Essa sempre foi a questão zen e não poderia deixar de sê-lo hoje, quando a necessidade de perceber os fatos como um todo nunca foi tão evidente.

A transmissão de conhecimento a respeito do Zen e da cultura japonesa ao Ocidente é um tema cuja importância vai muito além da esfera da história intelectual e do caráter aventureiro da religião, devido às necessidades criadas pelas relações políticas e econômicas no mundo moderno. Esse tema tem sido estudado até certo ponto, mas sem as informações necessárias para uma análise crítica que teria de considerar aquilo que não foi transmitido, e também o que foi, e aquilo que foi corretamente transmitido, em comparação com o que sofreu distorção no processo.

A inegável conexão que existe entre o Zen e o Bushidō passou a ser considerada tão certa que também foi atribuída às suas naturezas e histórias. As diferenças entre ambas amiúde não são claramente definidas nos livros sobre artes marciais orientais que, semelhantes às suas réplicas nas artes culturais orientais, tendem a enfatizar sua relação com os princípios budistas, em vez das idiossincrasias históricas e ideológicas de sua evolução. Contudo, uma análise da literatura básica relevante torna claro que o Bushidō é espiritual e pragmaticamente diferente do Budismo, mesmo se alguns de seus praticantes tenham aprendido algo do Budismo e apliquem esse conhecimento nas suas artes.

A participação de guerreiros e estrategistas na elaboração do Zen no Japão constitui uma forma de explicar a nuvem de mistério que envolve o Zen, assumindo a aparência de um ardil, parte da *arte da vantagem*, utilizada historicamente para vestir com a dignidade do Budismo certos elementos estrangeiros e não-budistas do Bushidō. Muitos dos próprios japoneses, sem o saber, têm sido enganados por essa manobra, isso sem falar dos ocidentais.

Os aspectos da cultura japonesa com os quais o ocidental médio tem mais dificuldade de concordar provêm em geral não do Budismo, mas do Xintó, e são exatamente esses elementos que também tendem a alienar os japoneses dos não-japoneses em seus pensamentos. Portanto, para uma análise crítica do tema da influência zen sobre a cultura japonesa e a civilização ocidental, seria preciso examinar com particular atenção esses itens que marcam o pensamento xintó; eles estão em total desacordo com o Zen-budismo, e no entanto ainda assim são percebidos como parte do Zen japonês.

Os elementos xintoístas que têm contaminado o Zen ao longo dos séculos podem ser expostos resumidamente assim: fetichismo, incluindo ritualismo e gosto pelos adornos; devoção a pessoas vivas ou mortas; predileção pelo vinho de arroz, uma libação sacramental no culto xintó; hierarquia e autoritarismo; tendência a considerar real o corpo físico; racismo e sectarismo local.

Outro traço encontrado no Zen japonês moderno, que não é budista nem xintoísta, é a misoginia, observada na cultura japonesa em geral, e que poderia ser considerada uma conseqüência dos oito séculos de lei marcial. Essa peculiaridade origina-se claramente do Confucionismo e do militarismo do Estado, e não do Budismo ou do Xintó, mas é tão comumente associada ao Zen que se faz necessário destacá-la para ser analisada antes que se possa fazer uma avaliação do Zen autêntico no sentido espiritual clássico.

Nesse contexto, também se pode observar que o militarismo deixou seus efeitos na vida emocional e sexual dos japoneses, como tensões subjacentes que às vezes são associadas à severidade do Zen, mas na verdade provêm das atitudes dos soldados samurais que submeteram o Zen a seus propósitos. Até hoje, nos meios de comunicação de massa bastante erotizados do Japão, a relação sexual pode ser retratada como alguma coisa muito semelhante ao estupro enquanto o amor em geral é mostrado inevitavelmente como algo que é incompatível com o dever.

Essas atitudes, que se encontram entre as que costumam perturbar os ocidentais e afetar a visão que têm da psicologia japonesa, são resquícios de oito séculos de lei marcial e nada têm que ver com o espírito do Budismo. A literatura japonesa clássica sugere que os japoneses se sentiam muito mais à vontade com sua amorosidade e seu erotismo antes de os soldados assumirem o comando, no século XII. Uma das primeiras atitudes do governo militar nessa época foi suprimir o tantra não-ortodoxo, forma de Budismo no qual meios sensuais, como a arte, o canto e a cerimônia erótica, eram usados como forma de despertar poderes ocultos na mente.

Vários sintomas de alienação dos sexos, todos comumente apontados por observadores do Japão, estão relacionados com essa repressão militarista iniciada há oito séculos: ao mesmo tempo estimulou e reprimiu a sexualidade, uma resultante tendência à violência, e manifestações fortes desses fenômenos na forma de sadomasoquismo constituem produtos bastante evidentes de prolongada dominação militar. Fenômenos semelhantes podem ser vistos em todas as sociedades nas fases militaristas de sua evolução.

Não por coincidência, o *I Ching*, o *Livro das Mutações*,* clássico chinês, durante milhares de anos um dos guias mais renomados da arte de governar no Oriente, contém um alerta contra a usurpação da lei civil pelos militares. Os efeitos negativos de oitocentos anos de lei samurai no Japão parecem atestar a lógica desse alerta milenar.

O militarismo tem distorcido o Zen, juntamente com o restante da cultura japonesa, produzindo aberrações nas quais várias formas de machismo ou masoquismo são consideradas não apenas como tendo alguma relação com o Zen, mas até mesmo como produtos ou manifestações da "prática" ou "realização" zen. Ademais, o povo japonês da atualidade é tão possível de ser enganado pelo Zen afastado dos padrões quanto os ocidentais e, como resultado, os vários elementos conflitantes no Zen moderno em geral não são analisados pelo que realmente são. Talvez o ônus por ignorar esses conflitos constitua a razão pela qual o Zen contemporâneo no Japão em geral não reflete resistência nem otimismo, assim como a razão pela qual ele parece ter deixado de influenciar fundamentalmente a cultura.

No Japão contemporâneo, o Zen-budismo institucional costuma ser considerado agonizante até mesmo pelos seus próprios monges reclusos e pelos seus expoentes literários, sem falar dos críticos internos. Várias facetas dessa inércia são bastante reconhecidas na literatura zen japonesa, mas suas causas fundamentais raramente são trazidas à luz e tampouco são discutidas de modo muito franco no Zen para exportação. A comercialização do Zen no Ocidente, além da exploração do interesse ocidental por ele ou pelas formas culturais dele derivadas no esforço para elevar a imagem do Japão, tem influído contra a informação imparcial e a avaliação objetiva.

Por conseguinte, a polaridade filia-fobia no pensamento ocidental acerca do Japão não diminuiu tanto quanto poderia pelo interesse sem dúvida ativo pelo Zen e pela cultura japonesa no Oci-

* Publicado pela Editora Pensamento, São Paulo, 1983.

dente de hoje, caso os aspectos transcendentais e culturais desse interesse tivessem sido claramente reconhecidos e consolidados com o contato adequado com a informação sobre o significado essencial do Zen e sobre as instituições históricas estabelecidas em épocas variadas no Japão, com o propósito patente de estudar ou de defender o Zen.

Uma das formas da cultura japonesa que parecem ter sido fortemente influenciadas por determinados aspectos do Bushidō-Zen e que exige a análise crítica no Ocidente contemporâneo é o estilo *jigoku* ("inferno") de treinamento, usado na educação e no desenvolvimento pessoal do Japão. Como os ocidentais precisam lidar com os resultados desse tipo de treinamento, e já estão sendo feitas tentativas de exportá-lo para o Ocidente, existe a necessidade evidente de uma análise crítica da sua realidade.

Muitos anos atrás, criou-se um certo tumulto com o suicídio de um dos mais respeitados mestres zen japoneses, que na época era ao mesmo abade e diretor espiritual de um mosteiro tradicionalmente situado no mais elevado escalão do Rinzai Zen. Várias opiniões foram arroladas como razão para esse suicídio, incluindo a saúde deficiente, mas um livro de sua autoria — *Takuan ishi no satori* — contém algumas observações bastante negativas sobre o Zen e a vida japonesa contemporânea.

Dentre elas encontram-se as opiniões do abade sobre o uso do treinamento zen para tornar as pessoas mais fortes e firmes e para progredirem no mundo dos negócios, prática por ele chamada de *fuzaketa*, palavra cujo significado é "ridículo" ou, no contexto, tem a característica de mera brincadeira ou diversão. No Ocidente também há uma forte tendência à miopia no interesse acadêmico e popular pelo Zen, que tem sido relegado à situação de culto mesmo em suas próprias esferas de interesse, e assim tem sido tratado de maneira fragmentada e idiossincrática na cultura ocidental como um todo.

Sempre que o sentimento antijaponês entre as nações ocidentais atinge uma certa culminância, ocorre uma renovação do mito japonês popular de que os ocidentais se sentiriam mais indulgentes com o Japão se compreendessem a cultura japonesa. O Ocidente não se pode permitir desorientar-se com o mistério do Japão, ou deixar que informações sejam utilizadas como uma arma no que Musashi chama de *arte da vantagem*. Existem aqueles que tornam o Japão glamuroso e parecem achar que o Ocidente tentaria imitá-lo; outros há que difamam o Japão e parecem considerá-lo uma ameaça. Ambos os extremos são resultados da *arte da guerra*, que por sua vez faz outras vítimas segundo a sua influência.

Um dos principais problemas tanto para o Japão como para o Ocidente é a relação estreita que existe entre interesses especiais e a difusão de informação e conhecimento. Essa é uma faca de dois gumes, porquanto as idéias racistas equivocadas e as projeções políticas sempre trabalham junto, em detrimento da compreensão pública. O verdadeiro inimigo de ambos os lados é a ignorância, seja ela natural seja forjada.

Uma das marcas características da ignorância é o preconceito cego, e é bom precaver-se contra ele quando da avaliação das reações subjetivas à percepção de atitudes. Na questão das artes marciais, do militarismo e de sua influência sobre a sociedade humana, a questão da função é básica na formação da filosofia clássica. As artes marciais japonesas foram mais ou menos transformadas em arte terapêutica e de desempenho durante a longa Paz Tokugawa, iniciada no princípio do século XVII, estendendo-se por cerca de duzentos e cinqüenta anos, até os *Black Ships* americanos ameaçarem "soprar e derrubar suas casas" se os japoneses não os deixassem entrar no Japão em meados do século XIX.

No primeiro século da longa paz, o desenvolvimento de várias escolas concorrentes de artes marciais formou um canal relativamente inofensivo para a agressão masculina e para a ambição, resquício do sangrento *Sengoku jidai*, era dos Estados em Guerra, cem anos de luta constante. Ademais, embora essa violência residual desse modo tenha se transferido do governo e da sociedade para grupos particulares, as antigas relações zen do Bushidō também apresentaram às pessoas de inclinação marcial a filosofia budista de autodomínio e, ocasionalmente, também a ética budista. Na linguagem budista tântrica, o uso de "instrumentos de mau augúrio" para alcançar um propósito digno é chamado de "usar um espinho para extrair outro espinho".

As artes marciais orientais de certa forma desempenham uma função semelhante na sociedade americana urbana de hoje. Sem dúvida, essa é uma de suas adaptações mais racionais, como no Japão do século XVII. Contudo, ao longo dos cem anos seguintes no Japão, o número crescente e o descontentamento dos samurais privados de privilégios reacenderam alguns conflitos mortais. A bravura marcial podia (como sempre) ser usada para fins criminosos temerários; e a linha entre a competição cavalheiresca e a violência política foi facilmente ultrapassada em nome do Bushidō.

No século XIX, a quebra do isolamento japonês favoreceu movimentos diametralmente opostos no Bushidō, assim como no Zen-budismo. Por um lado, graças à retomada do contato com a China, certos pioneiros japoneses modernos passaram a interessar-se pelas artes marciais taoístas e desenvolveram artes marciais japonesas mais pacíficas e desarmadas. Por outro lado, graças ao confronto com o Ocidente agressivo e bem armado, facções militaristas do Bushidō voltaram-se para o treinamento espartano, destinado a transformar todo ser, mente e corpo, em uma arma.

As artes marciais "brandas" em geral são preferidas pelas pessoas interessadas na tradição espiritual do Zen, enquanto as artes marciais "pesadas" são preferidas pela polícia, pelas forças armadas e pelos sistemas de treinamento *jigoku* ("inferno") na educação, nos negócios e na indústria. Existe também um número grande de gradações entre esses extremos, mas é na forma mais concentrada que suas características peculiares, incluindo suas funções específicas e os efeitos colaterais, podem ser vistas mais claramente.

A análise completa dos elementos primitivos pode, portanto, ser considerada prejudicial pelos já prejudicados, mas é tão impossível compreender um complexo sem compreender suas partes quanto é impossível compreender as partes sem compreendê-las no contexto de um todo.

Síntese

É fundamental para a compreensão da psicologia e do comportamento japoneses uma avaliação da influência dos séculos de lei marcial. O desenvolvimento das estruturas econômicas, políticas, sociais e educacionais do Japão reflete essa influência, arraigada nessa nação através da elevação da casta samurai a uma elite política e moral ao longo de um período de centenas de anos.

A luta armada no Japão era originalmente domínio dos clãs aristocráticos. Esses clãs consideravam-se descendentes de uma destas três fontes: achavam que eram descendentes diretos de divindades, descendentes diretos de antigos imperadores do Japão ou descendentes diretos da nobreza chinesa ou coreana. O clã imperial pertence à primeira categoria, pois é tido como descendente direto de divindades. Esse clã em particular é associado à Deusa do Sol, que recebeu precedência no panteão xintó, com a ascensão desse clã e de seus aliados no Japão antigo. Sua mitologia é a base do estado xintó, versão imperial da religião japonesa nativa.

As conexões entre Coréia e China, mantidas pelos poderosos clãs japoneses, possibilitaram-lhes desenvolver as armas com as quais asseguraram a dominação política. Na mitologia, a espada é um dos símbolos da família imperial do clã da Deusa do Sol, e o processo de feitura da espada tem sido tradicionalmente associado ao Xintó. O fetichismo da espada, que acabaria por tornar-se um exagero característico do Bushidō, reflete um elemento do Xintó primitivo na psicologia do samurai.

Os conflitos territoriais continuaram mesmo depois que os aliados do clã da Deusa do Sol estabeleceram um Estado japonês nacional, segundo o modelo chinês, por volta do ano 600 da era cristã. A guerra genocida contra outros povos, habitantes daquelas ilhas, também continuou. Guerras de fronteira e competição dos clãs contra os próprios japoneses estimularam o desenvolvimento de uma casta militar distinta, descendente da antiga aristocracia mas com história e herança próprias. Essa nova casta também produziu administradores, marechais e xerifes, contratados por proprietários de terras da classe superior na capital, a fim de administrar e policiar suas grandes propriedades. Finalmente os militares exigiram mais por seus serviços, e o primeiro paragoverno marcial centralizado foi estabelecido em 1185. Esse foi o começo do "Governo Pavilhão" Bakufu do xogunato.

Três regimes militares dominaram a sociedade e a política japonesa de 1185 a 1868. Mais dois regimes marciais surgiram então, mas governavam em nome do imperador e não do xogum. Os dois primeiros xogunatos patrocinaram o Zen-budismo, rompendo com as escolas budistas estabelecidas, cujas igrejas eram todas dirigidas por membros da antiga aristocracia. O terceiro xogunato patrocinou o Confucionismo e tentou dividir e reprimir o Budismo. O quarto regime marcial suprimiu abertamente o Budismo em fins do século XIX e começo do século XX, em nome do nacionalismo Xintó. O quinto regime marcial forçou as igrejas budistas a uma aliança com o Estado xintó durante o segundo quarto do século XX.

Elementos zen-budistas do código do guerreiro japonês provêm originalmente da época em que o Zen entrou em voga entre os clãs samurais, graças ao incentivo dos xoguns. O Neoconfucionismo também foi transmitido aos guerreiros pelos primeiros zen-budistas, mas provavelmente apenas por ocasião do estabelecimento do Neoconfucionismo como ortodoxia do Estado, no século XVII, é que esse elemento passou a predominar nos códigos samurais do Bushidō.

Todas as tradições japonesas foram codificadas durante a era do último xogunato, com exceção do Bushidō, que foi inserido de alguma maneira nas leis da casa para os clãs e as organizações, mas jamais foi unificado ou concluído. Existem elementos xintó, budistas, taoístas, confucionistas, legalistas e militaristas encontrados em várias representações do Bushidō, mas não pode ser feita nenhuma generalização quanto à sua proporção num "Bushidō" abstrato, exceto no plano em que os fatos concretos são evidentes para o senso comum à luz da história. Isso pode refletir a natureza fundamentalmente competitiva da arte da guerra, a imprecisão deliberada da arte da vantagem, na qual qualquer coisa pode ser apresentada de acordo com a conveniência do tempo.

Este volume explora o relacionamento entre o Zen-budismo e o culto samurai do Bushidō, graças às obras de quatro autores ilustres: dois mestres zen e dois artistas marciais. A idéia popular da espiritualidade zen nas artes marciais é examinada criticamente, procurando perceber a descontinuidade e também a continuidade entre essas duas facetas da cultura japonesa. A relação é considerada a partir de dois pontos de vista: a influência zen no caminho do guerreiro e a influência do militarismo no desenvolvimento do Zen japonês.

Os quatro autores — cujas obras formam o esqueleto deste livro — representam vários tipos distintos entre os envolvidos com o Zen e as artes marciais. O mestre zen Takuan esclarece a essência da consciência zen como ela é aplicada ao caminho do guerreiro. O espadachim Yagyū Munenori aplica a ética e a psicologia do Zen às artes marciais. O mestre zen Suzuki Shōsan demonstra o espírito da classe do guerreiro na prática do Zen. Miyamoto Musashi, o duelista, representa a estratégia bélica do militarista, utilizando técnicas zen sem a ética budista.

Na obra de Takuan sobre a mente imutável não existe moralidade expressa. Yagyū aplica o Zen às artes marciais, mas subordina as artes marciais ao serviço da moralidade política. Shōsan usa a psicologia do guerreiro na arte do autodomínio zen; ele é ao mesmo tempo técnico e ético, indo além de Takuan e Yagyū em profundidade e extensão. Musashi não é tão claro como os zenistas mais espirituais; ele pode tentar usar o caminho do guerreiro para dominar a si mesmo, mas, ao que parece, esse caminho levou a melhor. Musashi mostra um espírito militar que, em última análise, parece não se dedicar à iluminação zen nem à moralidade social, mas apenas à perfeição de sua arte por si mesma, o que personifica a busca da vitória como finalidade suprema. Nem sequer parece estranho o fato de Musashi superar os demais na impiedade de sua estratégia, e parece não alcançar os demais na compreensão budista; no entanto, sua dedicação, disciplina e o recorde de vitórias ainda são considerados admiráveis.

Nenhum desses tipos pode representar isoladamente um quadro geral da cultura e da psicologia japonesas, pois eles aparecem nas áreas influenciadas pelo Zen ou pelo militarismo ao longo dos séculos. Todos estão presentes em várias proporções, às vezes na mesma pessoa. A confusão recíproca e o equívoco costumam ser provenientes do fracasso em distinguir os diferentes aspectos do Zen e do militarismo como realmente atuam em várias composições.

Existe o lado interior (*ura*) e o exterior (*omote*) de toda a forma de cultura japonesa. Portanto, questões como o "lado" são tão importantes quanto questões como a essência nas interações sociais, comerciais ou políticas. O que externamente se torna o aspecto mais visível de qualquer forma de cultura japonesa, seja o Zen, as artes marciais seja qualquer outro aspecto dessa civilização, em geral constitui a versão mais comercializada e/ou politizada, e não necessariamente a mais refinada ou autêntica. A frente mais óbvia não é a medida do que supostamente representa, embora a existência de fachadas seja um fato inevitável quando se trata de lidar com a cultura japonesa como uma realidade política. Enquanto um aspecto da manobra estratégica, as formas exteriores, comercializadas e politizadas da cultura pertencem à categoria do comportamento japonês derivado da "arte da vantagem" desenvolvida pelos militaristas.

A substituição da excessiva generalização e dos clichês por informações autênticas e pela análise crítica é em si mesma uma "arte da guerra" comum. Seu uso para lançar as emoções das nações e culturas umas contra as outras é também uma arte da guerra, que dissimula uma oposição subjacente de natureza diversa. Foi o discernimento intuitivo impessoal que caracterizou o Zen-budismo original não-cultural, e não o tipo de compreensão intercultural superficial que confunde o exterior com o interior, que é capaz de diferenciar essa oposição fundamental entre os que exploram a ignorância e os que precisam do conhecimento.

A ARTE DA GUERRA

Sun Tzu

Obra traduzida do chinês por Thomas Cleary

Compilado há mais de dois mil anos por um misterioso guerreiro-filósofo, *A Arte da Guerra* é, ainda hoje, e em todo o mundo, um dos mais notáveis e influentes livros de estratégia. Na Ásia, políticos e executivos modernos o estudam com entusiasmo, como o fizeram líderes militares desde os tempos antigos. Como um estudo da anatomia de organizações em conflito, *A Arte da Guerra* se aplica à competição e ao conflito em geral, em todos os níveis, desde o interpessoal até o internacional. Sua meta é a invencibilidade, a vitória sem luta e a força inexpugnável pela compreensão da física, da política e da psicologia do conflito.

A Arte da Guerra é um dos clássicos da grande tradição espiritual do Taoísmo, tradição que, no Extremo Oriente, deu origem à psicologia, à ciência e à tecnologia, e que se constitui numa fonte de intuição e de inspiração com relação a diversos aspectos da natureza humana que fundamentam este respeitado manual do sucesso.

Traduzida para o inglês a partir de uma coletânea modelar de comentários sobre o texto de Sun Tzu feitos por onze intérpretes, *A Arte da Guerra* foi organizada por Thomas Cleary para tornar conhecido o significado dos princípios da estratégia. Além disso, o tradutor inglês nos brinda com uma extensa e perspicaz introdução em que analisa o conteúdo e o panorama de fundo da obra.

* * *

THOMAS CLEARY, Ph. D. em línguas e civilização da Ásia oriental pela Universidade de Harvard, é tradutor de aproximadamente vinte obras sobre estudos budistas, taoístas e o *I Ching*.

EDITORA PENSAMENTO

A JORNADA SAGRADA DO GUERREIRO PACÍFICO
Dan Millman

> *"Poucas pessoas vivem e expressam o espírito do guerreiro pacífico tão eloqüentemente quanto Dan Millman. Seu livro trata de histórias verdadeiras, de ensinamentos que prendem a nossa atenção, ao mesmo tempo em que falam de um sábio despertar da consciência."*
>
> **Roger N. Walsh, Ph. D., Professor de Psiquiatria da Universidade da Califórnia**

Esta é uma aventura sagrada da qual todos compartilhamos: a jornada em direção à Luz que brilha no centro de nossas vidas.

Depois de quatro anos de treinamento com o velho guerreiro a quem chama de Sócrates — e a despeito de tudo o que aprendeu — Dan Millman vê-se diante de fracassos pessoais e crescentes frustrações. Desiludido com a vida e sem se sentir capaz de conciliar conhecimento e ação, parte numa busca através do mundo para reencontrar seu objetivo e sua fonte de inspiração.

Uma lembrança inesperada o leva a procurar e a encontrar uma mulher xamã nas profundezas da floresta tropical do Havaí. Ela o conduz de volta à esperança e o leva a encarar seus medos, preparando-o para o que ainda haveria de acontecer.

Nesses mundos de sombra e de luz, Dan é submetido a testes interiores, a desafios mortais, recebe revelações impressionantes e conhece personagens inesquecíveis, à medida que segue o caminho pacífico e sábio do guerreiro interior.

* * *

Do mesmo autor, a Editora Pensamento já publicou *O Caminho do Guerreiro Pacífico.*

EDITORA PENSAMENTO

A ARTE CAVALHEIRESCA DO ARQUEIRO ZEN

Eugen Herrigel

"Sentei-me numa almofada, diante do mestre que, em silêncio, me ofereceu chá. Permanecemos assim durante longos momentos. O único ruído que se ouvia era o do vapor da água fervendo na chaleira. Por fim, o mestre se levantou e fez sinal para que eu o acompanhasse. O local dos exercícios estava feericamente iluminado. O mestre me pediu para fixar uma haste de incenso, longa e delgada como uma agulha de tricotar, na areia diante do alvo. Porém, o local onde ele se encontrava não estava iluminado pelas lâmpadas elétricas, mas pela pálida incandescência da vela delgada, que lhe mostrava apenas os contornos. O mestre *dançou* a cerimônia. Sua primeira flecha partiu da intensa claridade em direção da noite profunda. Pelo ruído do impacto, percebi que atingira o alvo, o que também ocorreu com o segundo tiro. Quando acendi a lâmpada que iluminava o alvo constatei, estupefacto, que não só a primeira flecha acertara o centro do alvo, como a segunda também o havia atingido, tão rente à primeira, que lhe cortara um pedaço, no sentido do comprimento."

Trazendo o fantástico para o nível do real, esta é uma página deste livro surpreendente, no qual o filósofo alemão Eugen Herrigel conta a sua extraordinária experiência como discípulo de um mestre Zen, com quem aprendeu a arte de atirar com arco, durante os anos em que viveu no Japão como professor da Universidade de Tohoku.

Sem dúvida — como afirma na introdução o professor D. T. Suzuki — um livro maravilhoso que, graças à limpidez de seu estilo, ajudará o leitor do Ocidente a "penetrar na essência dessa experiência oriental, até agora tão pouco acessível aos ocidentais".

EDITORA PENSAMENTO

A ESTRATÉGIA DO GOLFINHO:
A Conquista de Vitórias num Mundo Caótico
Dudley Lynch e *Paul L. Kordis*

Eis aqui idéias que... podem levar as pessoas que trabalham em empresas a ter uma vida mais plena de realizações, eliminando os medos e as inibições que caracterizam tão bem a atividade empresarial.

MILTON MOSCOWITZ, autor de
The 100 Best Companies for in America.

Lynch e Kordis, em *A Estratégia do Golfinho,* desenvolveram os conceitos que tenho adotado na minha prática de consultoria, levando-os a um ponto de congruência "quase perfeito".

JAMES L. MURPHY, diretor executivo,
de liderança e desenvolvimento organizacional da
U.S. West, Inc., em Denver.

***A Estratégia do Golfinho* analisa um novo e engenhoso meio de preparar líderes empresariais para aquele audacioso mas excitante "Novo Dia". Os professores de todas as faculdades de administração de empresas do país precisam prestar atenção neste livro.**

DON EDWARD BECK,
National Values Center.

A melhor aplicação de estratégias pós-New Age para administração que já conheci.

WARREN BENNIS, eminente professor de
administração de empresas da University of Southern California.

***A Estratégia do Golfinho* é um manual prático e orientado para os negócios que ensina como ser pessoal e institucionalmente mais receptivo a este novo mundo que está se formando.**

RICHARD LAMM,
Center for Public Policy and Contemporary Issues.

***A Estratégia do Golfinho* é sabedoria prática posta numa forma simples e divertida. É um livro obrigatório.**

WILLIS HARMAN,
presidente do Instituto de Ciências Noéticas e
autor de *Higher Creativity.*

EDITORA CULTRIX

Outras obras de interesse:

A ARTE DA GUERRA
Sun Tzu

TAI JI QUAN – Esporte e Cultura
Roland Habersetzer

O SEGREDO DE ACERTAR NO ALVO
Jackson S. Morisawa

AIKIDO
Wagner J. Bull

CH'I – ENERGIA VITAL
Michael Page

CHUANG-TZU – Escritos Básicos
Burton Watson (org.)

T'AI CHI CH'UAN E MEDITAÇÃO
Da Liu

T'AI CHI CH'UAN E I CHING
Da Liu

TAI-CHI CHUAN – Arte Marcial, Técnica da Longa Vida
Catherine Despeux

O I CHING DA DEUSA
Barbara G. Walker

I CHING – O Grande Livro do Yin e do Yang
Cyrille Javari

O I CHING E OS MISTÉRIOS DA VIDA
Martin Schönberger

I CHING – O Livro das Mutações
Richard Wilhelm (org.)

I CHING – Princípios, Prática e Interpretação
Jean Schlumberger

TAO-TE KING
Lao-Tzu

A JORNADA SAGRADA DO GUERREIRO PACÍFICO
Dan Millman

O CAMINHO DO GUERREIRO PACÍFICO
Dan Millman